甘肃省博物馆基本陈列丛书

甘肃
CIVILIZATION ALONG THE SILK ROAD
WITHIN GANSU
丝绸之路文明

甘肃省博物馆　编

韩博文　主编

科学出版社

# 内 容 简 介

甘肃位于古丝绸之路的东段，是古代东西方交流的重要通道。各族人民在这里共同创造了辉煌灿烂的历史，留下了丰富多彩的文化遗产。甘肃省博物馆基本陈列"甘肃丝绸之路文明"，集中展示了420余件系统反映古丝绸之路的精美文物。本书撷取"甘肃丝绸之路文明"之展品精华，从中选取了160余件代表性文物，如北方草原文化青铜器、铜奔马及仪仗队、汉唐丝织品、佛教造像、金银器、唐三彩、元青花等，以图文并茂的形式编撰成册，以便读者欣赏研究。

---

**图书在版编目（CIP）数据**

甘肃丝绸之路文明/甘肃省博物馆编.—北京：科学出版社，2008
（甘肃省博物馆基本陈列丛书/韩博文主编）
ISBN 978-7-03-020642-8

Ⅰ. 甘… Ⅱ. 甘… Ⅲ. 文物－甘肃省－图录 Ⅳ. K872.420.2

中国版本图书馆CIP数据核字（2008）第066915号

---

责任编辑：王光明／责任印制：赵德静
封面设计：黄华斌／设计制版：北京美光制版有限公司

**科学出版社** 出版
北京东黄城根北街16号
邮政编码：100717
http://www.sciencep.com

北京美光制版有限公司　设计制版
北京市京津彩印有限公司　印刷

科学出版社发行　各地新华书店经销
\*

2008年6月第 一 版　开本：889×1194　1/16
2008年6月第一次印刷　印张：14
印数：1—4 000　字数：403 000

**定价：200.00元**
（如有印装质量问题，我社负责调换〈京津〉）

## 《甘肃省博物馆基本陈列丛书》编委会

| | |
|---|---|
| 主　　　　编 | 韩博文 |
| 副　主　　编 | 张立胜　林　健 |
| 学　术　顾　问 | 初世宾　郎树德 |
| 编　　　　委 | （按姓氏笔画排列） |
| | 王　勇　那　拉　李晓青　张　行　张东辉 |
| | 张立胜　林　健　贺延军　贾建威　韩博文 |

## 《甘肃丝绸之路文明》编委会

| | |
|---|---|
| 主　　　　编 | 韩博文 |
| 副　主　　编 | 李晓青 |
| 编　　　　辑 | 孔德众　米　毅　刘光煜 |
| 英　文　翻　译 | 黄晓宏 |
| 摄　　　　影 | 赵广田　高翁生 |
| 封　面　题　字 | 徐祖蕃 |

# 序

欣闻甘肃省博物馆基本陈列("甘肃古生物化石"、"甘肃彩陶"、"甘肃丝绸之路文明")荣获第七届(2005~2006年度)全国博物馆十大陈列展览精品奖,《甘肃省博物馆基本陈列丛书》亦将付梓出版,难能可贵,可喜可贺。

甘肃地处祖国内陆,黄河上游,是中华民族的重要发祥地之一,也是自古以来多民族文化互相融合和发展的最有生机的文化板块。特殊的地理位置,得天独厚的自然条件,辉煌灿烂的人文历史,造就了境内大量颇具风采的古代文化遗存,保留了许多璀璨夺目的珍贵历史文物,成就了甘肃名副其实的文物大省美誉。植根于这块神奇热土的甘肃省博物馆,以此引为自豪,更加发奋努力。经过几十年的发展,在文物收藏、科技保护、学术研究和展示宣传等方面,取得了令人欣慰的成绩,完成了一批在国内外很有影响的科研项目,造就了一批知名专家学者,形成了良好的学术氛围,发展成为我国重要的省级博物馆之一。

省委、省政府对文博工作、特别是博物馆事业的发展极为重视,在省财政并不宽裕的情况下,投入巨资对省博物馆原展览大楼进行了全面改造,新的展览大楼于2006年12月26日正式对外开放。与此同时,面向社会推出的甘肃古生物化石、甘肃彩陶、甘肃丝绸之路文明三个基本陈列,紧紧结合甘肃地域特色和馆藏文物实际,运用新理念、新技术、新材料,探索新的陈列艺术和表现手法,以较低的陈展造价,营造了良好的展示氛围和陈列效果,获得了显著的社会效益,赢得了观众的喜爱。相信《甘肃省博物馆基本陈列丛书》的出版,一定会对进一步诠释新馆陈列展览、宣传甘肃历史文化,发挥重要作用。

发展博物馆事业,既要展现历史,又要为当代服务,使文化遗产保护的成果惠及百姓。陈列展览是博物馆工作整体水平的体现,是博物馆奉献给社会的主要文化产品。博物馆作为传承民族精神的殿堂,爱国主义教育的基地,公共文化服务的载体,在全面贯彻落实科学发展观,构建社会主义和谐社会的伟大进程中,要进一步挖掘厚重的历史文化资源,创作更具吸引力和感染力的精品陈列展览,不断满足广大人民群众的精神文化需求,为弘扬中华文化,宣传甘肃精神,提升陇人品格,促进文化大发展、大繁荣做出积极贡献。

甘肃省人民政府省长 徐守盛

2008.2.15

# 甘肃省博物馆基本陈列概述

韩博文

甘肃省博物馆基本陈列，经过三年多时间的精心筹备，2006年12月26日，于新展览大楼落成之时，面向社会正式开放，受到群众欢迎。新馆筹建之初，我们就曾确立一个目标：作为生于斯长于斯的甘博人，必须立足甘肃实际，利用馆藏文物资源，努力奉献面向人民大众、富有西部特色的陈列展览，以回报社会、服务人民。这应该是新时期博物馆人的共同使命和必然追求。三年来的探索与实践，给我们更多的启迪和感悟。

**一、甘肃大地厚重的历史文化底蕴给予我们不竭的力量源泉**

甘肃位于祖国内陆，处于内蒙古高原、青藏高原和黄土高原的交汇地带，黄河从中部穿过，东部和中部地区是沟壑纵横的黄土高原，西部则为戈壁、绿洲和荒漠并存的千里走廊。特殊的自然环境，造就了特殊的生物群落；特殊的历史背景，孕育了特殊的地域文化。甘肃境内各地质历史时期的古生物化石极其丰富，埋藏量大，种类繁多。尤其在新生代第三纪这一时期，临夏地区发现的脊椎动物化石的种类和数量，与内蒙古通古尔和山西保德并列中国之最。甘肃的远古先民创造了辉煌灿烂的史前文化，距今8000年的秦安大地湾遗址，出土了中国最早的彩陶、黍，发现了大型礼仪性建筑。种种迹象表明，甘肃东部是中华文明的重要发祥地之一。独特的地理位置也使甘肃成为中西文化交流的必经通道、古丝绸之路的咽喉要冲。早在张骞通西域之前，就初现甘肃与中亚民族交流沟通的端倪。汉武帝设置河西四郡，开始对甘肃进行大规模开发。魏晋南北朝时期，中原地区战乱频繁，而甘肃地区的地方政权偏居一隅，劝课农桑。社会的相对稳定和丝绸之路的畅通，孕育了独特的五凉文化，佛教和西域文化也首先在这里生根开花，后东传中原，影响全国。隋唐帝国建立以后，采取了兼收并蓄、面向世界的政策，使东西方的交流达到顶峰。西方各国的宗教、艺术、技术首先在甘肃得以吸收、推广，内地各种精美的手工艺品和先进的生产技术也通过甘肃远播亚欧。神秘的西夏王国和横跨亚欧的蒙元帝国，再次将东西方交流推向新的高度。甘肃作为陆上丝绸之路的必经之地，保持了1000多年的繁荣，在中国历史的舞台上扮演了不可或缺的重要角色，也给我们留下了众多弥足珍贵的文化遗产。生活在甘肃大地的各族人民共同创造了源远流长、博大精深的河陇文化，成为中华文化的重要组成部分，为中国社会历史的发展做出了卓越贡献。这片神奇的热土养育我们成长，给予我们力量，激励我们奋进。

## 二、甘肃省博物馆独特的馆藏文物资源为陈列展览提供了丰厚的物质基础

作为综合性地志博物馆的甘肃省博物馆，自成立伊始，就以保护自然和文化遗产、普及科学和历史知识、弘扬中华文化、提高民族素质为己任。多年来，通过与中国科学院古脊椎动物与古人类研究所、中国社会科学院考古研究所、北京大学等高等院校的专家学者联合进行考古发掘和学术研究，取得了丰硕的成果。东乡林家马家窑文化遗址，广河地巴坪和兰州花寨子半山类型墓地，永昌鸳鸯池马厂类型墓地，永靖大何庄、秦魏家和武威皇娘娘台齐家文化以及四坝文化、辛店文化、寺洼文化等遗址和墓地的考古发掘，揭示了甘肃新石器时代至青铜时代诸文化的基本面貌；敦煌悬泉置、马圈湾、居延汉代烽燧等遗址的考古发掘，出土大量简牍，全面反映了汉代西北边塞的政治、军事、经济、文化生活；秦安大地湾遗址的考古发掘，使原始农业的发端、建筑成就、彩陶艺术以及文明起源等方面的研究都取得重大突破，这些考古研究成果为陈列展览提供了坚实的科学依据。

经过几代文博工作者数十年的不懈努力，甘肃省博物馆收藏了各类文物（标本）8万多件，其中三级以上珍贵文物5万多件。新石器时代彩陶、汉唐丝绸之路文物和佛教艺术珍品以及古生物化石标本成为本馆藏品的突出特色。重要的藏品，如甘谷出土的仰韶文化晚期鲵鱼纹彩陶瓶、灵台白草坡出土的西周青铜器、武威雷台汉墓出土的世界闻名的铜奔马和成组车马俑、武威磨嘴子汉墓出土的木六博俑和《仪礼简》、武威旱滩坡出土的汉代医药简牍、前凉升平十二年（公元386年）和东晋咸安三年（公元374年）两则题记的写本《道行品法句经》、北凉高善穆石造像塔、泾川出土的唐代舍利金棺、北宋淳化二年（公元991年）《报父母恩重经变》绢画、元代八思巴文银字符牌，等等，都具有重要的历史价值、科学价值和艺术价值，为学术研究和陈列展示提供了独特的资源，奠定了丰厚的物质基础。

## 三、发挥优势，突出特色，提升陈列展示主题，贯穿和谐发展主旋律

在新馆陈列展览筹备过程中，我们坚持从甘肃实际出发，从馆藏特点出发，充分发挥文物资源优势，着力突出西部地域特色，大力弘扬中华优秀传统文化，从众多陈列专题中，选取最能体现甘肃古代灿烂文化的甘肃彩陶、甘肃丝绸之路文明以及甘肃古

生物化石三大主题，作为展示重点，组成新馆基本陈列。基本陈列大跨度地撷取了甘肃地质历史时期、新石器时期、文明时期三个时段的精华，再现了甘肃大地从20亿年前出现生命迹象以来漫长的自然进化历程和人类文明发展过程中最为辉煌的时刻，集中展示了甘肃独特的自然生态环境和浓郁的西部人文历史，贯穿了生命进化、文明进步、和谐发展的主旋律。以时间为序，分为三大篇章：

第一篇章：古纪精灵——甘肃古生物化石。甘肃独特的地理位置、多变的气候、复杂的环境，揭示了其地质历史时期的沧桑巨变以及形态各异的生物群落物竞天择的演变。古生物化石就是这种变化的见证。甘肃地质历史时期的古生物化石非常丰富，从太古代原始的菌藻类化石到有人类出现的新生代哺乳动物化石都有发现，门类庞杂，分布广泛，尤其是中生代的爬行动物化石和新生代的哺乳动物化石，在全国占有重要地位。包括当今世界上保存最完整的剑齿象——黄河古象、世界上最大牙齿的植食性恐龙——巨齿兰州龙、我国发现最早的中生代鸟类化石——玉门甘肃鸟、临夏地区发现的三趾马化石动物群等，以及许多已经灭绝了的远古珍稀罕见的古动物，如古鱼类、剑齿虎、巨犀、古长颈鹿、大唇犀、库班猪、和政羊、巨鬣狗等。"甘肃古生物化石"陈列分为地球演化、海洋动物、恐龙世界、黄河古象四个单元，展出各个时期化石标本620多件，其中大型古动物化石骨架6具，系统介绍甘肃出土的古生物化石，复原远古自然生态环境，展示从20亿年前甘肃大地上出现生命迹象到远古人类出现的漫长生命进化历程，运用新的视觉理念和多种艺术手段，传播和普及科学知识，引导观众走进科学园地，享受寓教于乐的特殊趣味。

第二篇章：古韵陶魂——甘肃彩陶。甘肃是世界上最早出现彩陶的地区之一，也是中国彩陶最为发达的地区。奔腾不息的黄河、雄浑肥沃的黄土高原、绵延千里的河西走廊，孕育了丰富发达的新石器时代及青铜时代文化。这些文化大多含有多姿多彩的彩陶，是甘肃数千年绵延不绝的独特文化传统，也是中华文明起源过程中辉煌灿烂的一页。"甘肃彩陶"陈列分为文明曙光——大地湾文化彩陶、锦绣初展——仰韶文化彩陶、彩陶之冠——马家窑文化彩陶、余辉流艳——青铜时代诸文化彩陶和陶苑奇葩——远古雕塑艺术五个单元，展出了近400件彩陶精品，如大地湾文化宽带纹彩陶钵、仰韶文化半坡类型鱼纹盆、仰韶文化人头形器口彩陶瓶、马家窑文化旋纹尖底瓶等。旨在全面反映甘肃彩陶绚丽多彩的文化面貌和辉煌灿烂的艺术成就，展示了一部绚烂夺目的彩陶发展史,通过追寻甘肃大地上新石器时代至青铜时代5000多年间彩陶艺术循序发展的脉络,重现人类童年的智慧之光,探索中华文明起源的文脉。

第三篇章:古道遗珍——甘肃丝绸之路文明。甘肃是古代中国通向西方的门户,也是东西方交往的主干道和最活跃的地区之一。丝绸之路的开拓与发展,东西方文化的交融与碰撞,在甘肃留下了无数璀璨瑰丽的历史文化艺术珍品,谱写出辉煌的古代文明。"甘肃丝绸之路文明"陈列分为四个单元,展示了丝绸之路从前奏、开拓、繁荣到绵延发展的历程。陈列共展出珍贵文物420多件(组),其中有中国旅游标志铜奔马、铜车马仪仗队、武威汉简、东罗马鎏金银盘、铜胡腾舞俑、泾川舍利金银棺等风格迥异的丝路瑰宝,它们是东西方经济文化交流的结晶和见证。陈列全景式地展示了丝绸之路文明发展的历史,集中反映甘肃作为古丝绸之路的咽喉通道,从青铜时代起至宋元时期3000多年间,东西方经济、文化的交流融合与共同发展。重点突出中国历史(也是甘肃历史)上最为辉煌的汉唐盛世,再现中外交融的华美乐章。它是目前国内唯一一个以丝绸之路为主题的基本陈列。在丝绸之路沿线各国整体申报世界文化遗产的重要时刻,推出这个陈列具有特殊的意义。

**四、面向大众,与时俱进,创新陈列理念和表现手法,增强陈列展览的吸引力与感染力**

陈列展览是博物馆奉献给社会的主要文化产品,是人民群众享受文化发展成果的重要载体。新时期博物馆人必须与时俱进,继承创新,面向大众,以人为本,运用现代陈列艺术和表现手法,努力创作具有深厚文化内涵和强烈时代特征、为广大群众喜闻乐见的陈列展览,不断满足人民群众精神文化需求,更好地为人民群众服务。

充分体现服务大众的办展理念。全面落实"贴近实际、贴近生活、贴近群众"的方针,以社会公众作为主要受众对象,坚持学术性、知识性、趣味性、观赏性有机结合,使陈列深入浅出,通俗易懂,让观众充分享受文化发展成果,体现博物馆面向大众、服务大众的办展理念。

深入挖掘馆藏文物的多重价值。开发馆藏资源,将自然标本展示与历史文物陈列相结合,科普知识传播与传统文化弘扬并举,兼顾专家学者、普通游客、特别是青少年等不同层面观众的需求,展现自然与人文兼容的综合博物馆的独特魅力。

集中展示全省精品文物。陈列遴选的1440多件展品涉及东至庆阳、西至酒泉1600多公里沿线20多家收藏单位的藏品，且均为三级以上珍贵文物，其中一级文物达50%以上。展出许多举世无双的艺术珍品，如铜奔马、鲵鱼纹彩陶瓶、大云寺舍利金棺、木六博俑、玻璃莲花托盏等，充分体现了甘肃文物收藏的整体优势。

吸纳最新考古发现。我们从全省各市县博物馆和省文物考古研究所等单位借调了200多件近年新出土的文物，不少是首次面世，如秦安大地湾遗址出土距今8000年的彩陶、礼县出土春秋时期的铜编钟、玉门花海出土魏晋丝绸、酒泉出土魏晋壁画砖、庆城出土唐开元十八年（公元730年）穆泰墓三彩俑、临洮出土元代青花瓷等都是第一次和观众见面。而马鬃山禽龙、和政三趾马、临夏大唇犀则是我馆专业人员新近发掘和征集的珍贵化石标本。

反映最新科研成果。陈列策划过程中查阅了大量文献和考古资料，汉代居延肩水金关和甲渠侯关模型、大地湾仰韶文化村落沙盘等都是严格根据有关研究成果按比例制作的；根据敦煌悬泉置出土的汉简，复原出汉代长安到敦煌的驿站图；武威天梯山石窟精美文物的复原展示，体现了我馆文物保护中心在泥塑和壁画修复保护方面的新成果。

运用古文化符号凸现地域特色。在陈列平面布局和展线设计上，使用了大跨度的直线和大弧度的曲线，以表达大西北大气磅礴的辽阔地域特征。丝绸之路序厅360°环形空间，采用大面积的黄砂岩浮雕，雕刻出黄河、大漠、戈壁等自然风光和炳灵寺、莫高窟、嘉峪关等人文景观，千里河西走廊全景特征一览无余，浑然一体，点明主题。天梯山石窟大型塑像陈列，引入麦积山石窟七佛阁的建筑元素，制作了佛龛斗拱，使陈列形式与陈列内容更为和谐。

利用辅助手段帮助理解陈列内容。设计制作了古埃及、西亚权杖使用示意图，帮助观众了解权杖头的用途；烽火传递景观直观地展示了汉代边塞烽火的传递制度；彩陶制作流程复原场景和马家窑文化房屋场景，进一步阐释了彩陶文化；禽龙、剑龙、黄河古象等生活场景的复原，再现远古生物生存的自然生态环境。

采用新技术、新材料增强展示效果。在展厅的音效方面，配合丝绸之路烽火传递景观设计了戈壁滩风声呼啸和战马嘶鸣的音响效果；在古生物化石展中配合展出的标本、模型和景观，模拟了多种动物的音响效果，给观众以身临其境的感觉；配合凉州城示意模型，设计制作了一套非触摸式交互感应系统，将游览凉州城的虚拟游戏和介绍古凉州的现实影片结合在一起，观众可以任意选择游戏或观看影片；与恐龙合影的抠像合成系统，让观众可以将自己的影像合成到计算机内储存的40多幅恐龙背景中。

利用多种手段增加信息量。配合陈列内容，设计了30多个多媒体触摸屏，编辑了近10万字、1000多张图片的多媒体内容，既有介绍丝绸之路历史、地理、民族、文化、音乐、舞蹈的知识，也有彩陶精品的赏析，还有古生物化石常识，等等。甘肃彩陶专题片和古凉州背景影片增加了展厅静态环境中的灵动气氛。

开发观众参与的互动项目。设计开发了语音识别的互动游戏，观众可以学习、模仿丝绸之路沿线的方言和一些主要国家的语言，了解这些地区的风土民情；"大家一起画彩陶"的活动则由馆内专职辅导员带领观众现场学画彩陶纹饰；同时还设计制作了彩陶拼图和恐龙拼图游戏，寒武纪海底世界幻象，与恐龙赛跑、比体重、合影，恐龙下蛋等互动项目。

先进的文物保护展示环境。按照国家文物局制定的一级技术防范标准配置了先进的安全防盗监控报警系统、火灾监控报警灭火系统；大楼内安装了中央空调系统，展厅内安装了博物馆专用防紫外线灯具和先进的红外感应灯光系统。使文物安全防范实现智能化，火灾防灾实现自动化，文物保存环境的温、湿度实现了自动控制，努力实现文物的科学保护。

丝路驼铃悠悠，黄河涛声依旧。让我们以虔诚的心灵，迈进科学、历史与艺术的殿堂，穿越时光隧道，去探索甘肃大地生命进化的轨迹，追寻陇原先民肇基文明的步履，重温丝绸之路交融发展的辉煌，一起守望中华民族共有的精神家园。

# 目 录

序 ……………………………………………………… 徐守盛（i）

甘肃省博物馆基本陈列概述 …………………………… 韩博文（iii）

前言 …………………………………………………………（001）

丝绸之路的前奏 ……………………………………………（003）

交流前沿 ……………………………………………………（004）

周秦光华 ……………………………………………………（020）

马背文明 ……………………………………………………（048）

丝绸之路的开拓 ……………………………………………（067）

建郡设关 ……………………………………………………（068）

天马西来 ……………………………………………………（081）

丝绸锦绣 ……………………………………………………（088）

科技艺术 ……………………………………………………（097）

丝绸之路的繁荣 ……………………………………………（113）

商旅往来 ……………………………………………………（114）

佛陀之光 ……………………………………………………（123）

乐舞翩跹 ……………………………………………………（142）

丝路奇珍 ……………………………………………………（146）

丝绸之路的绵延 ……………………………………………（159）

文化多彩 ……………………………………………………（160）

瓷器生辉 ……………………………………………………（173）

结束语 ………………………………………………………（185）

图版说明 ……………………………………………………（187）

后 记 ………………………………………………………（209）

# CONTENT

Foreword ............................................................................... Xu Shousheng (*i*)

An Introduction to the Permanent Exhibitions in Gansu Provincial Museum ........ Han Bowen (*iii*)

Preface .................................................................................................. (002)

Prelude of the Silk Road ..................................................................... (003)

The Front Line of the Communication ................................................................. (004)
The Shining Light of Culture Created by Zhou and Qin People ............................. (020)
Civilization Gestated on the Horse Back ............................................................. (048)

Opening of the Silk Road ..................................................................... (067)

Setting Up of Counties and Fortresses ................................................................ (068)
Heavenly Horse from the Western Region .......................................................... (081)
Splendid Silk ....................................................................................................... (088)
Science, Technology and Art ............................................................................... (097)

Prosperity of the Silk Road ................................................................. (113)

Coming and Going of the Merchants .................................................................. (114)
The Buddhist Culture .......................................................................................... (123)
Tripping Music and Dance .................................................................................. (142)
Treasures from the Silk Road ............................................................................. (146)

Continuity of the Silk Road ................................................................. (159)

Colorful Culture .................................................................................................. (160)
The Brilliance of the Porcelain ............................................................................ (173)

Epilogue ............................................................................................... (186)

Plate illustration .................................................................................... (187)

Postscript ............................................................................................. (209)

# 前　言

　　东西方的交往由来已久，生活在不同地域的人们之间一直进行着接触与交往。公元前2世纪，汉武帝派张骞出使并开通西域之后，在古代长安和罗马之间形成了一条以丝绸贸易为特色，横贯亚、非、欧的贸易通道和文化走廊，中国与遥远的西方世界之间冲破地域束缚，开始了真正意义上的政治、经济、文化交流，极大地丰富并加速了世界文明的进程。19世纪70年代德国地理学家李希霍芬首先将其称为"丝绸之路"。

　　地处丝绸之路东段的甘肃，是古代中国通向西方的门户，也是东西方交往的主干道和最活跃的地区之一。丝绸之路的开拓与发展，东西方文化的交融与碰撞，在甘肃留下了无数璀璨瑰丽的历史文化艺术珍品，呈现出古代文明的辉煌。

# PREFACE

Contact between the East and the West started from very early days and continued all the time. Wudi Emperor of the Han Dynasty dispatched Zhang Qian, an envoy to the Western Region in the 2nd century B.C. and thus opened a trading road and also a cultural corridor featured for the silk trade across Asia, Africa and Europe from Chang`an to Rome. The real communication in the aspects of politics, economy and culture between China and the Western Countries faraway began breaking through the geographical barrier, enriching and accelerating the development of the world civilization. This road was first named as "Silk Road" by German geographer F. von Richthofen in 1870s. It made a great contribution to the development of human history and hence was called: "the principal axis pushing forward the world historical wheel" or "the matrix of the world culture" or "the grant canal of the world culture".

Gansu province, located in the eastern part of the Silk Road, was the front door of China opened to the West, the major channel and one of the most active regions of the communication between the West and the East. The opening and the development of the Silk Road, cultural mingle and collision left numerous magnificent historical and cultural treasures presenting the resplendence of the ancient civilization.

# 丝绸之路的前奏
## Prelude of the Silk Road

距今5000年左右，以黄河流域为中心的中国农业文明已经形成。稍后，北方游牧民族也日渐强盛。北方草原文化的向南渗透和中原文化的不断向外扩展，加速了农耕文明与草原文明的交融。伴随着这一交融，驰骋在北方草原上的游牧民族把中国与中亚、西亚等地的各个沙漠绿洲连接起来，成为东西方文化交流的中介者。

---

About 5000 years ago, Chinese agricultural civilization centered in the Yellow River valley came into being. Later on, the nomadic tribes in northern China became strong and prosperous. Southward penetration of the prairie culture of northern China and the continuous outward expansion of the culture of central plain accelerated mingle of the agricultural civilization and the prairie civilization. With this blend, the nomadic tribes connected various oasis in the desert in China, central Asia, western Asia and played a role as go-between of the cultural exchange between the East and the West.

# 交流前沿

　　甘肃是中国最早出现青铜器的地区之一。发达的早期青铜文化和马的驯养促进了经济发展和交往范围的扩大,在与周边文化发生碰撞、交融的过程中,甘肃成了古代中国最早接受并传播东西方文化的前沿地带。

## The Front Line of the Communication

Gansu served as one of regions in China where earliest bronzes have been found . The advanced bronze culture and domestication of horse promoted the economic development and the enlargement of the scope of communication, hence made Gansu an area of the earliest front line of adopting and spreading the western and eastern culture in China.

1. 彩陶权杖头
Painted pottery mace-head

庙底沟类型（公元前3900－前3500年）
Miaodigou Type（3900-3500B.C.）

### 2. 四羊首青铜权杖头
Bronze mace-head with four sheep-head-shaped ornaments

四坝文化（公元前1900－前1400年）
Siba Culture（1900-1400B.C.）

3. 铜刀
Bronze knife

齐家文化（公元前2100－前1700年）
Qijia Culture（2100-1700B.C.）

4. 金鼻环
Gold nose ring

四坝文化（约公元前1900－前1400年）
Siba Culture (about 1900-1400B.C.)

5. 瓦纹绿玉琮
Green jade Cong (ritual object) with tile-shaped design

齐家文化（公元前 2100 – 前 1700 年）
Qijia Culture (2100-1700B.C.)

6. 白玉璧
White jade Bi (ritual object)

齐家文化（公元前2100－前1700年）
Qijia Culture (2100-1700B.C.)

7. 玉凿
Jade chisel

四坝文化（公元前1900－前1400年）
Siba Culture （1900-1400B.C.）

8. 蚕纹双联陶罐
Pottery twin jar with silkworm design

齐家文化（公元前2100－前1700年）
Qijia Culture (2100-1700B.C.)

9. 红陶三足鸟形器
Three-legged terracotta vessel in shaped of bird

齐家文化（公元前2100－前1700年）
Qijia Culture（2100-1700B.C.）

10. 人足形彩陶罐
Human-foot-shaped painted pottery jar

四坝文化（公元前1900－前1400年）
Siba Culture（1900-1400B.C.）

11. 人形彩陶罐
Human-shaped painted pottery jar

四坝文化（公元前1900－前1400年）
Siba Culture（1900-1400B.C.）

12. 菱格纹彩陶罐
Painted pottery jar with rhombic-grid design

齐家文化（公元前2100－前1700年）
Qijia Culture （2100-1700B.C.）

13. 镶绿松石彩陶罐
Turquoise-inlaid painted pottery jar

四坝文化（公元前1900－前1400年）
Siba Culture（1900-1400B.C.）

14. 三狼钮盖彩陶鼎
Painted pottery quadripod vessel (*ding*) with three wolf-shaped knobs on cover

四坝文化（公元前1900－前1400年）
Siba Culture (1900-1400B.C.)

15. 羊头柄彩陶方杯
Square painted pottery cup with sheep-head-shaped handle

四坝文化（公元前1900－前1400年）
Siba Culture（1900-1400B.C.）

# 周秦光华

　　周、秦先祖在泾水上游和西汉水上游兴邦立业，开疆拓土，使中原文化不断向西推进。到战国时，秦长城西达临洮，秦与河西走廊的交通已经通畅。甘肃出土的周秦青铜重器成为多元文化交流的见证。

## The Shining Light of Culture Created by Zhou and Qin People

The ancestor of Zhou and Qin people started their career and established their own kingdom on the upper reaches of Jingshui River and Xihanshui River, made their effort to enlarge the territory and introduced the agricultural culture into the Western Region. During the Warring States Period, the Great Wall built by Qin people reached Lintao providing a straightway traffic from Qin`s territory to the Hexi Corridor. The bronze treasures made by Zhou and Qin people excavated in Gansu are the testimonies of the multi-cultural communication.

16. 羊纹铜鬲
Bronze Li with sheep design

西周（公元前 1046 – 前 771）
Western Zhou Dynasty (1046-771 B.C.)

17. 师伯铜盨
Bronze Xu made for Count Shi

西周（公元前 1046 – 前 771 年）
Western Zhou Dynasty（1046-771 B.C.）

18. "噩"铜鼎
Bronze tripod vessel (*ding*) with inscription

西周（公元前 1046 – 前 771）
Western Zhou Dynasty（1046-771 B.C.）

19. 隩伯铜簋
Bronze Gui (food vessel) made for a Count at Luan

西周（公元前1046—前771年）
Western Zhou Dynasty (1046-771 B.C.)

20. 隙伯铜盉
Bronze He (wine vessel) made for a Count at Luan

西周（公元前1046－前771年）
Western Zhou Dynasty (1046-771 B.C.)

21. 隞伯铜卣
Bronze You (wine vessel) made for a Count at Luan

西周（公元前 1046 – 前 771 年）
Western Zhou Dynasty (1046-771 B.C.)

22. 铜甗

Bronze Yan (food vessel)

西周（公元前1046－前771年）
Western Zhou Dynasty (1046-771 B.C.)

### 23. 人头形铜钩戟
Bronze halberd with human-head-shaped ornament

西周（公元前 1046 – 前 771 年）
Western Zhou Dynasty (1046-771 B.C.)

24. 青铜虎纹钺
Bronze Yue (weapon) with tiger design

西周（公元前 1046 – 前 771 年）
Western Zhou Dynasty (1046-771 B.C.)

25. 镂空鞘铜剑
Bronze sword with scabbard in open-work

西周（公元前 1046 – 前 771）
Western Zhou Dynasty (1046-771B.C.)

26. 马络头饰
Bronze headstall

西周（公元前 1046 – 前 771 年）
Western Zhou Dynasty (1046-771B.C.)

### 27. 鳞羽形金饰片
Gold ornamental piece in shape of scale-like feather

春秋（公元前770－前476年）
Spring & Autumn Period（770-476B.C.）

28. 云纹圭形金饰片
Gold ornamental piece with cloud design

春秋（公元前770－前476年）
Spring & Autumn Period (770-476B.C.)

**29. 垂鳞纹秦公铜鼎**
Bronze tripod vessel (*ding*) with hanging squama design made for a duke of Qin Kingdom

春秋（公元前770－前476年）
Spring & Autumn Period (770-476B.C.)

30. 铜匜
Bronze pouring-vessel (yi)

春秋（公元前770－前476年）
Spring & Autumn Period (770-476B.C.)

**31. 回纹铜鼎**
Bronze tripod vessel (*ding*) with square whirl design

春秋（公元前770 – 前476年）
Spring & Autumn Period (770-476B.C.)

32. 垂鳞纹铜鼎
Bronze tripod vessel (*ding*) with hanging squama design

春秋（公元前770－前476年）
Spring & Autumn Period（770-476B.C.）

33. 铜簋
Bronze Gui (food vessel)

春秋（公元前770－前476年）
Spring & Autumn Period (770-476B.C.)

34. 凤鸟纹方铜壶
Bronze square pot with phoenix bird design

春秋（公元前770－前476年）
Spring & Autumn Period (770-476B.C.)

35. 蟠虺纹铜盉

Bronze He (wine vessel) with coiled serpent design

春秋（公元前770－前476年）

Spring & Autumn Period (770-476B.C.)

36. 蟠虺纹铜盘
Bronze tray with coiled serpent design

春秋（公元前770－前476年）
Spring & Autumn Period（770-476B.C.）

37. 铜车形器
Bronze cart-shaped utensil

春秋（公元前770－前476年）
Spring & Autumn Period (770-476B.C.)

38. 彩绘人形俑
Painted clay human figurine

春秋（公元前770－前476年）
Spring & Autumn Period（770-476B.C.）

39. 铜编钟
Bronze chime bells

春秋（公元前770－前476年）
Spring & Autumn Period（770-476B.C.）

**40. 翼兽形提梁铜盉**
Winged-animal-shaped bronze He (wine vessel) with loop handle

春秋（公元前770－前476年）
Spring & Autumn Period (770-476B.C.)

41. 鼎形铜灯
Tripod-vessel-shaped bronze lamp

战国（公元前475－前221年）
Warring States Period (475-221B.C.)

# 马背文明

生活在亚洲北部辽阔草原上的塞种、匈奴、月氏、乌孙等游牧民族,往来迁徙,充当着东西方交流的中介和文化传播者的角色。他们带来了草原民族的生活习俗和物质文化,同时也将华夏文明远播中亚、西亚和欧洲。

## Civilization Gestated on the Horse Back

Nomadic tribes such as:the Sakas, the Hunas (or Hun), the Yuezhi and the Wusun who lived on the vast plain in northern Asia, migrated from east to west or from west to east, and brought with them the life style and materialistic culture of nomadic tribe, meanwhile introduced Chinese civilization into central Asia, western Asia and Europe.

42. 琉璃珠
Colored glaze beads

战国（公元前475－前221年）
Warring States Period (475-221B.C.)

43. 鹰首铜饰
Bronze eagle-head-shaped ornaments

战国（公元前 475 – 前 221）
Warring States Period（475-221B.C.）

44. 对鸟纹金饰片
Gold ornamental piece with confronting-bird design

战国（公元前475－前221年）
Warring States Period（475-221B.C.）

### 45. 虎噬羊纹金饰片
Gold ornamental piece with tiger-devouring-sheep design

战国（公元前475 — 前221年）
Warring States Period (475-221B.C.)

46. 盘龙纹金饰片
Gold ornamental pieces with coiled dragon design

战国（公元前475－前221年）
Warring States Period（475-221B.C.）

**47. 镂空双马铜饰牌**
Bronze ornamental plaque with double-horse design in open-work

战国（公元前475－前221年）
Warring States Period（475-221B.C.）

48. 虎噬羊纹铜饰牌
Bronze ornamental plaques with tiger-devouring-sheep design

战国（公元前475－前221年）
Warring States Period（475-221B.C.）

**49. 双鹿纹铜饰牌**
Bronze ornamental plaque with double-deer design

战国（公元前475－前221年）
Warring States Period（475-221B.C.）

50. 镂空大角鹿铜饰牌
Bronze ornamental plaque with big-antler-deer design in open-work

战国（公元前475－前221年）
Warring States Period (475-221B.C.)

**51. 青铜大角鹿**
Bronze big-antler deer

战国（公元前475－前221年）
Warring States Period（475-221B.C.）

52. 马首柄铜短剑
Bronze dagger with horse-head-shaped handle

战国（公元前475－前221年）
Warring States Period (475-221B.C.)

**53. 五龙斗虎铜扣饰**
Bronze ornamental plaque with five-dragon-fighting-against-tiger design

战国（公元前475 – 前221年）
Warring States Period（475-221B.C.）

54. 流苏纹彩陶罐
Painted pottery jar with tassels design

沙井文化（公元前1000－前500年）
Shajing Culture（1000-500B.C.）

55. 鹰首铜饰
Bronze eagle-head-shaped ornaments

沙井文化（公元前 1000 — 前 500 年）
Shajing Culture （1000-500B.C.）

56. 铜鹿
Bronze deer-shaped ornaments

沙井文化（公元前1000－前500年）
Shajing Culture（1000-500B.C.）

57. 联珠纹铜带饰
Bronze belt-shaped ornaments with granulation design

沙井文化（公元前1000－前500年）
Shajing Culture（1000-500B.C.）

**58. 卧犬纹铜牌饰**
Bronze ornamental plaques with reclining dog design

沙井文化（公元前1000－前500年）
Shajing Culture（1000-500B.C.）

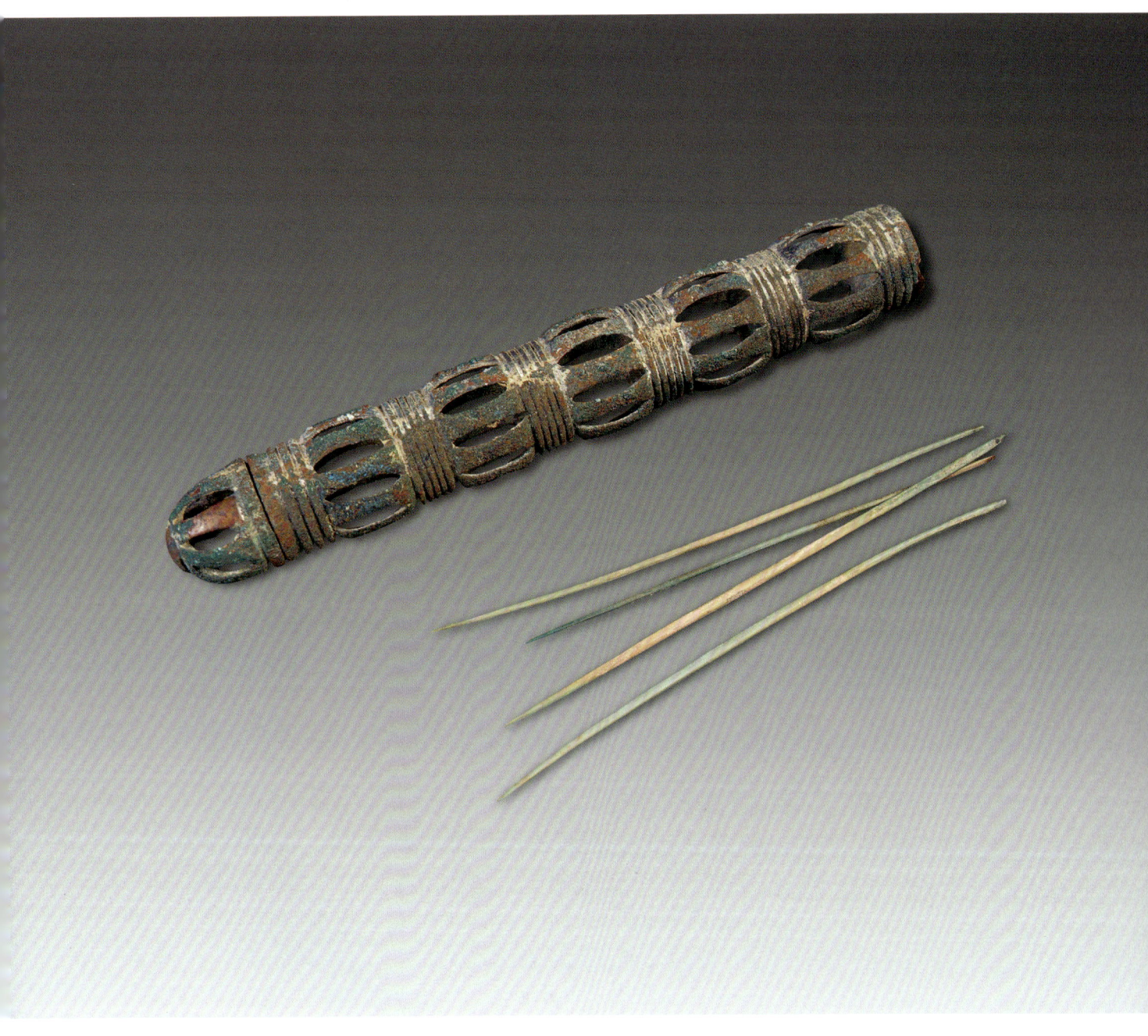

59. 竹节状铜针筒
Bronze needle container

沙井文化（公元前1000－前500年）
Shajing Culture（1000-500B.C.）

## 丝绸之路的开拓
### Opening of the Silk Road

西汉王朝经过文景之治，国力步入到鼎盛时期。汉武帝动用国家力量打通西域，开拓丝绸之路，并且建郡设关，进一步加强维护。至此，丝绸之路将长安和罗马之间传递式地连接在了一起，东西方之间频繁交往，商胡贩客日款于塞下，呈现了空前活跃的局面。魏晋时期，中原地区社会动荡，陇右河西相对稳定，从而保证了丝绸之路的畅通无阻。

The Han Dynasty stepped into a period of great prosperity after all the efforts made by the Wen Di Emperor and Jing Di Emperor during their reign time. Then the Wu Di Emperor tried to use the national force to get in touch with small kingdoms in the Western Region and hence open the Silk Road, counties were established and fortresses were built by central government. Thus, Chang'an, the capital of the Han Empire and Rome were linked together by the Silk Road which made it possible for more frequent and comprehensive contact among the countries along this trading road. In the Wei and Jin Period, people in Central Plain led a queasy life, but the peaceful situation in the northwest guaranteed safety to the merchants from different countries on the Silk Road.

## 建郡设关

为保障丝绸之路的畅通，汉朝在河西走廊设立武威、张掖、酒泉、敦煌四郡；并修长城、筑障塞；新置玉门关、阳关，且驻军屯戍，移民实边，发展生产，甘肃地区得到了更大规模的开发。

### Setting Up of Counties and Fortresses

In the Han Dynasty, central government set up four counties: Wuwei, Zhangye, Jiuquan and Dunhuang; built the Great Wall and two fortresses, namely Yumenguan Pass and Yangguan Pass; also stationed troop to garrison the frontiers and grow crops; migrated residents to this region to develop agriculture production along the Hexi Corridor in order to safeguard security along the Silk Road and at the same time facilitate the exploitation of Gansu and the surrounding area on a larger scale.

60. 河内工官弩机
Crossbow with inscription "He Nei Gong Guan"

东汉（公元25－220年）
Eastern Han Dynasty（25-220A.D.）

## 61. 木转射
Wooden Zhuanshe (observation and shooting equipment)

西汉（公元前206年－公元8年）
Western Han Dynasty (206B.C.-8A.D.)

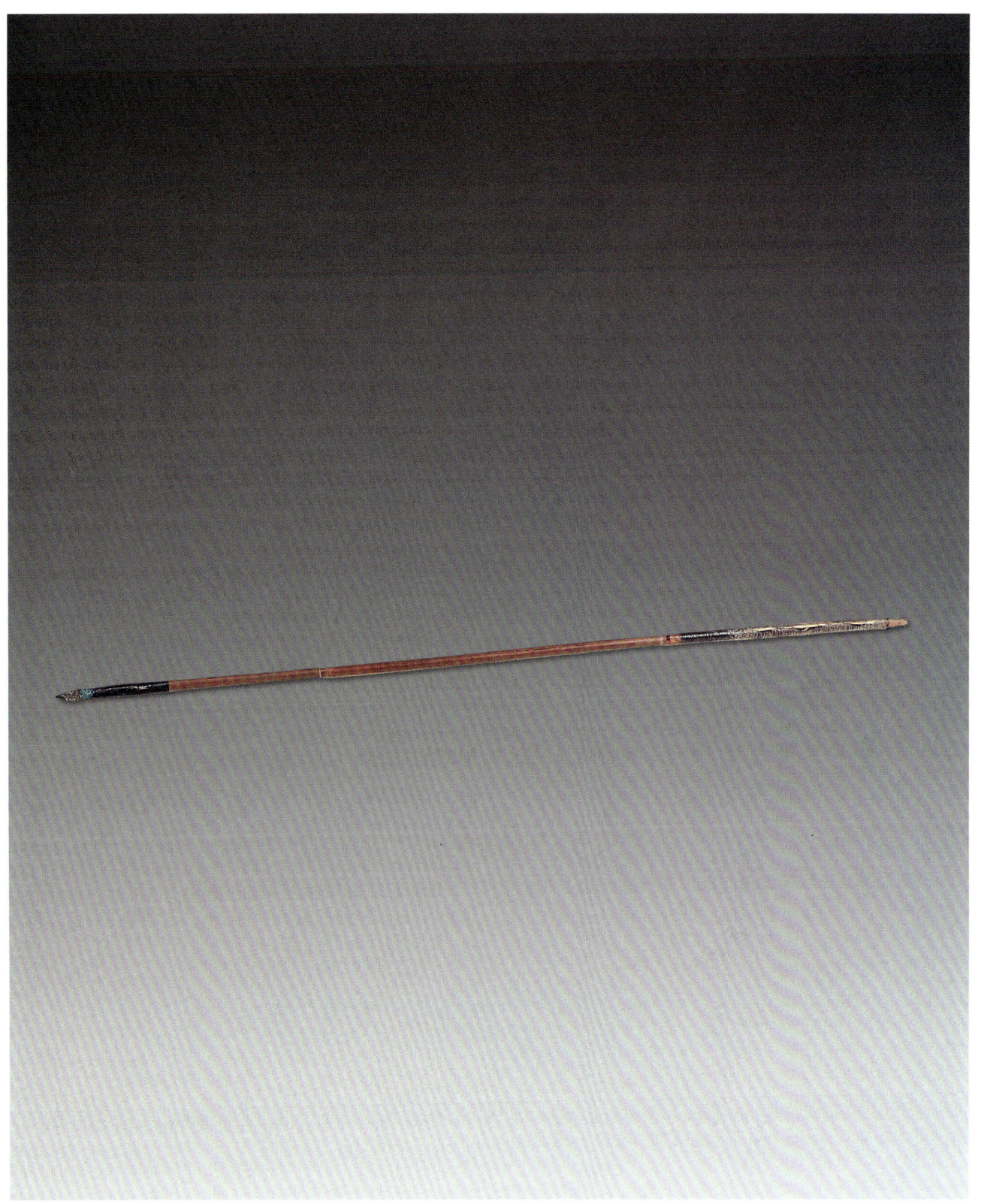

**62. 睢阳造箭**
Arrow made in Sui Yang

西汉（公元前206－公元8年）
Western Han Dynasty（206B.C.-8A.D.）

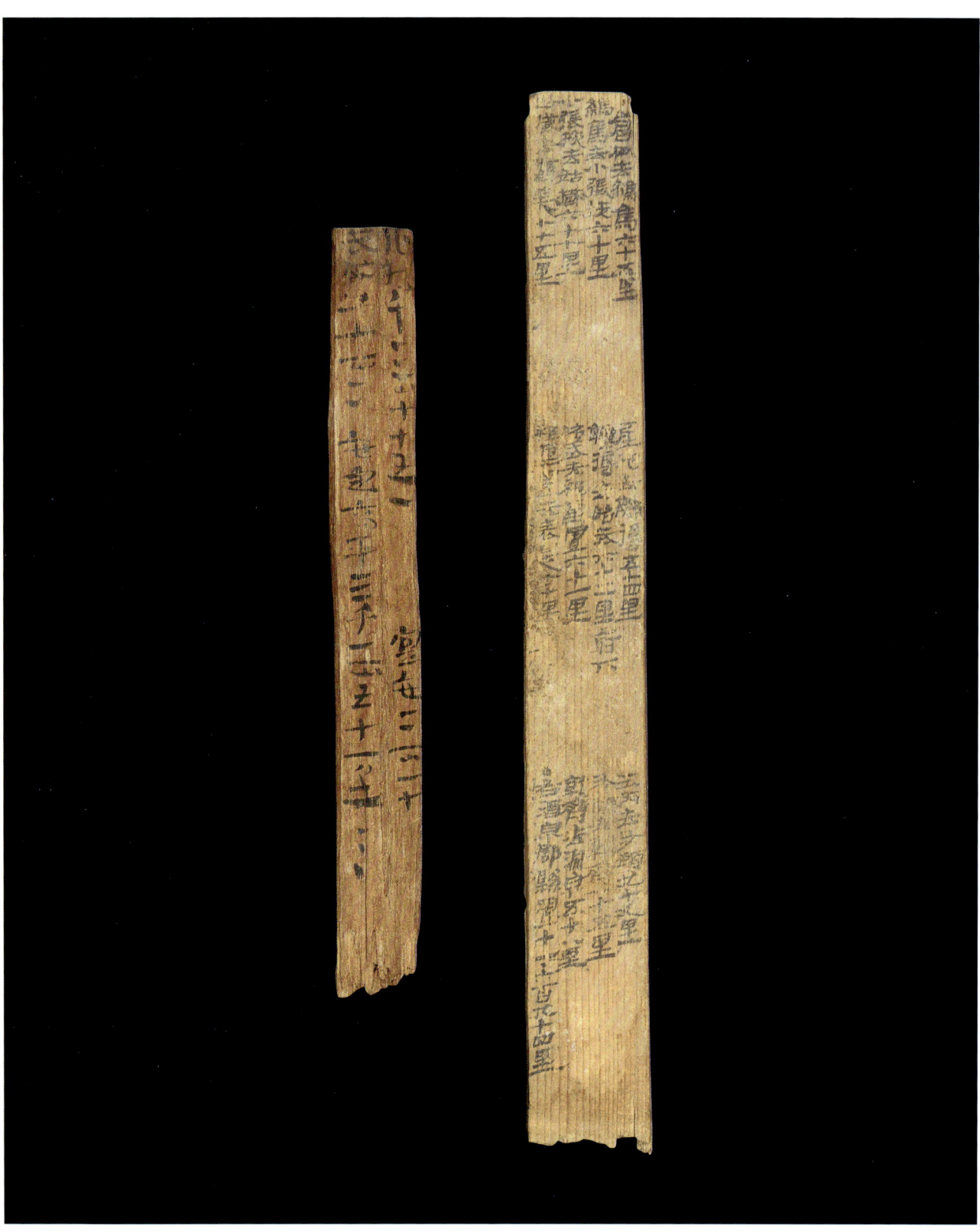

## 63. 驿置道里簿
Wooden slips as mileage record

西汉（公元前206年－公元8年）
Western Han Dynasty (206B.C.-8A.D.)

### 64. 乌孙贵人传舍制度简
Wooden slip recording regulation on posthouse and receiving noblewoman from Wusun Kingdom

西汉（公元前206－公元8年）
Western Han Dynasty (206B.C.-8A.D.)

**65. "万石"仓印**
Seal of granary with character "Wan Dan"

西汉（公元前206 — 公元8年）
Western Han Dynasty (206B.C.-8A.D.)

66. 木匙
Wooden spoons

西汉（公元前206年－公元8年）
Western Han Dynasty (206B.C.-8A.D.)

67. 漆箸
Lacquered wooden chopsticks

西汉（公元前206年－公元8年）
Western Han Dynasty（206B.C.-8A.D.）

Opening of the Silk Road · 丝绸之路的开拓　077

68. 木梳
Wooden combs

汉代（公元前206年－公元8年）
Western Han Dynasty（206B.C.-8A.D.）

### 69. 出火燧
Fire-making tool

西汉（公元前206年－公元8年）
Western Han Dynasty (206B.C.-8A.D.)

70. "马厩图" 木板画
Wood block painting with stable picture

西汉（公元前206 — 公元8年）
Western Han Dynasty (206B.C-8A.D)

## 71. 冥衣
Clothing as a burial object

西汉（公元前206年－公元8年）
Western Han Dynasty (206B.C.-8A.D.)

# 天马西来

马是古代军事、交通、生产的重要工具。西域多产良马。为抵御匈奴骑兵进犯，汉武帝两次派军西征，引进大宛汗血宝马，使汉代养马业和骑兵得到长足发展。武威雷台汉墓出土的铜奔马及铜车马仪仗队，可谓这一历史发展之见证。

## Heavenly Horse from the Western Region

Horse was an important vehicle in military affairs, traffic and production in ancient time. Good horses were mainly produced in the Western Region, Wudi Emperor of the Han Dynasty once sent troops to this region twice bringing back the blood sweat horse from Dawan to fight against the Hunas cavalry, and from then on, the horse raising industry and cavalry of the Han Dynasty had been developed greatly. Bronze galloping horse and honored guard of horsemen and carts unearthed from a Han Dynasty tomb at Leitai in Wuwei can be regarded as a witness of this historical development.

**72. 铜连枝灯**
Bronze branch-connected-tree-like lamp

东汉（公元 25 – 220 年）
Eastern Han Dynasty（25-220A.D.）

73. 铜奔马
Bronze galloping horse

东汉（公元25年－220年）
Eastern Han Dynasty (25-220A.D.)

74. 铜车马出行仪仗俑
Bronze honored guard of horsemen and chariots

东汉（公元 25－220 年）
Eastern Han Dynasty（25-220A.D.）

75. 鎏金错银铜尊
Gilded and silver inlaid bronze Zun

东汉（公元 25 — 220 年）
Eastern Han Dynasty (25-220A.D.)

76. 釉陶碉楼院
Glazed pottery yard with storied-building surrounded by watchtowers

东汉（公元 25 – 220 年）
Eastern Han Dynasty（25-220A.D.）

## 丝绸锦绣

中国丝绸西传至罗马帝国后，在贵族中备受青睐，因而促进了丝绸贸易的发展，各国的使者和商旅将中国精美的丝绸源源不断运往波斯、罗马。中外考古发掘表明，中国古代丝绸品种繁多，色泽绚丽，工艺精巧，技艺高超，对西方的丝绸纺织技术产生了深远影响。

### Splendid Silk

Chinese silk was once a favorite with the nobles after it had been introduced into Roman Empire, many envoys and merchants from various countries transported unceasingly the fine Chinese silk to Persia and Rome. The archaeological excavations made both in China and other countries show that ancient Chinese silk with numerous variety, florid color, fine technology, superb workmanship cast a profound influence upon the silk weaving technique in the western countries.

**77. 人物图绢地刺绣**
Jin silk with embroidered human figure design

西汉（公元前206年—公元8年）
Western Han Dynasty (206B.C.-8A.D.)

**78. 刺绣花边**
Lace with embroidered design

西汉（公元前206年－公元8年）
Western Han Dynasty（206B.C.-8A.D.）

79. 织锦针黹盒
Brocade-enwrapped box

西汉（公元前206年－公元8年）
Western Han Dynasty（206B.C.-8A.D.）

80. 丝织锦袍

Cotton-padded brocade gown

十六国（公元317－420年）

Sixteen Kingdom Period（317-420A.D.）

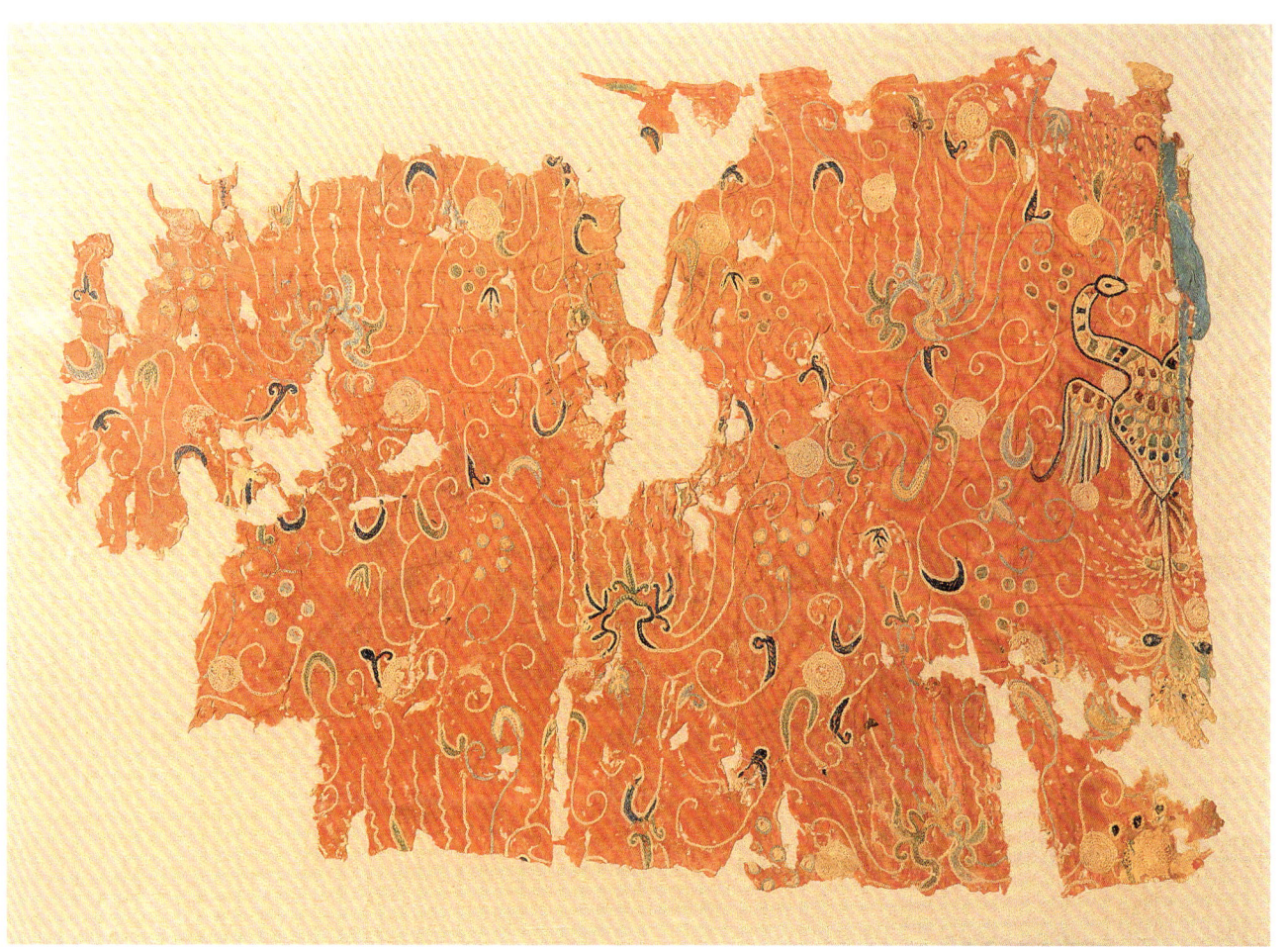

81. 刺绣残片
Fragment of Fancywork

十六国（公元 317－420 年）
Sixteen Kingdom Period (317-420A.D.)

82. 刺绣残片
Fragment of Fancywork

十六国（公元317－420年）
Sixteen Kingdom Period（317-420A.D.）

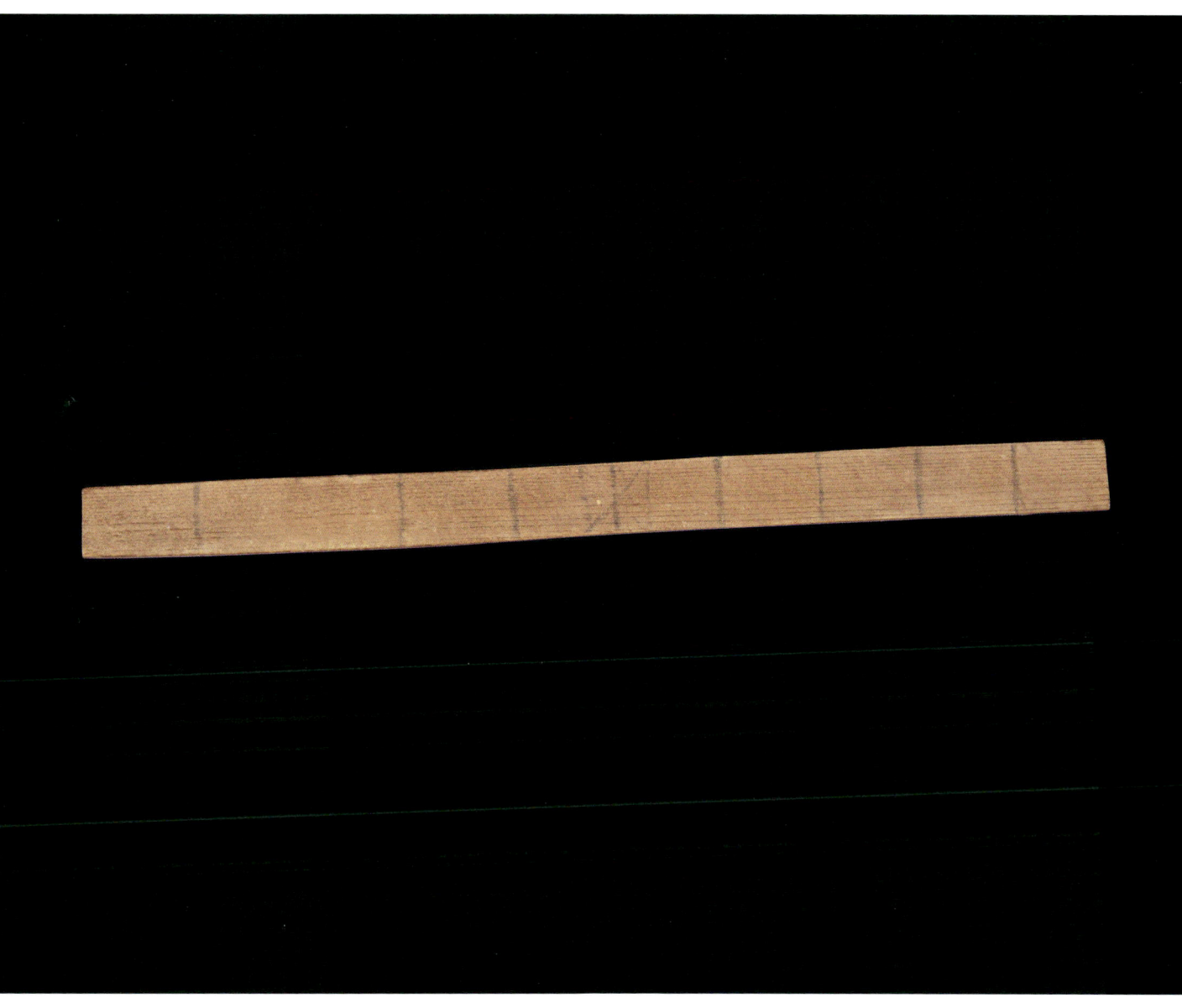

83. 木尺
Wooden ruler

西汉（公元前206－公元8年）
Western Han Dynasty（206B.C.- 8A.D.）

84. 西文铅饼

Lead ingots with western character

西汉（公元前206年－公元8年）

Western Han Dynasty （206B.C.-8A.D.）

# 科技艺术

汉晋时期丝绸之路的畅通,河西走廊的开发,促进了人口增加和经济发展,许多中原大族和文化士人来到河西,中原文化、外来文化和本土文化有机融合,开创了思想活跃、文化发展、艺术繁荣的新局面,为中华文化宝库增添了奇光异彩。

## Science, Technology and Art

In the Han and Jin Dynasties, the straightway of the Silk Road and the exploitation of the Hexi Corridor advanced the increase of population and economic development. Many grand families and scholars came to Hexi Corridor from Central Plain making their contribution to the organic blending of native culture, culture of Central Plain and foreign culture and initiating a new phase with active thought, developmental culture and flourishing art which shines a peculiar light in the treasure house of Chinese culture.

**85. 漆栻盘**
Lacquer wooden board with carved constellation

西汉（公元前206年－公元8年）
Western Han Dynasty（206B.C.-8A.D.）

86. 医方简
Wooden slips with traditional Chinese medicinal prescription

西汉（公元前200－公元8年）
Western Han Dynasty（206B.C.-8A.D.）

## 87.《仪礼》简
Wooden slips with criterion on ceremonies and proprieties

西汉（公元前 206 年 — 公元 8 年）
Western Han Dynasty (206B.C.-8A.D.)

**88. 丸墨**
Pill-shaped Chinese ink

西汉
（公元前206年－公元8年）
Western Han Dynasty（206B.C.-8A.D.）

**89."白马作"毛笔**
Writing brush with carved name of the maker

西汉
（公元前206年－公元8年）
Western Han Dynasty（206B.C.-8A.D.）

### 90. 肩水金关纸
Paper from the site of Jinguan Pass

西汉（公元前206－公元8年）
Western Han Dynasty（206B.C.-8A.D.）

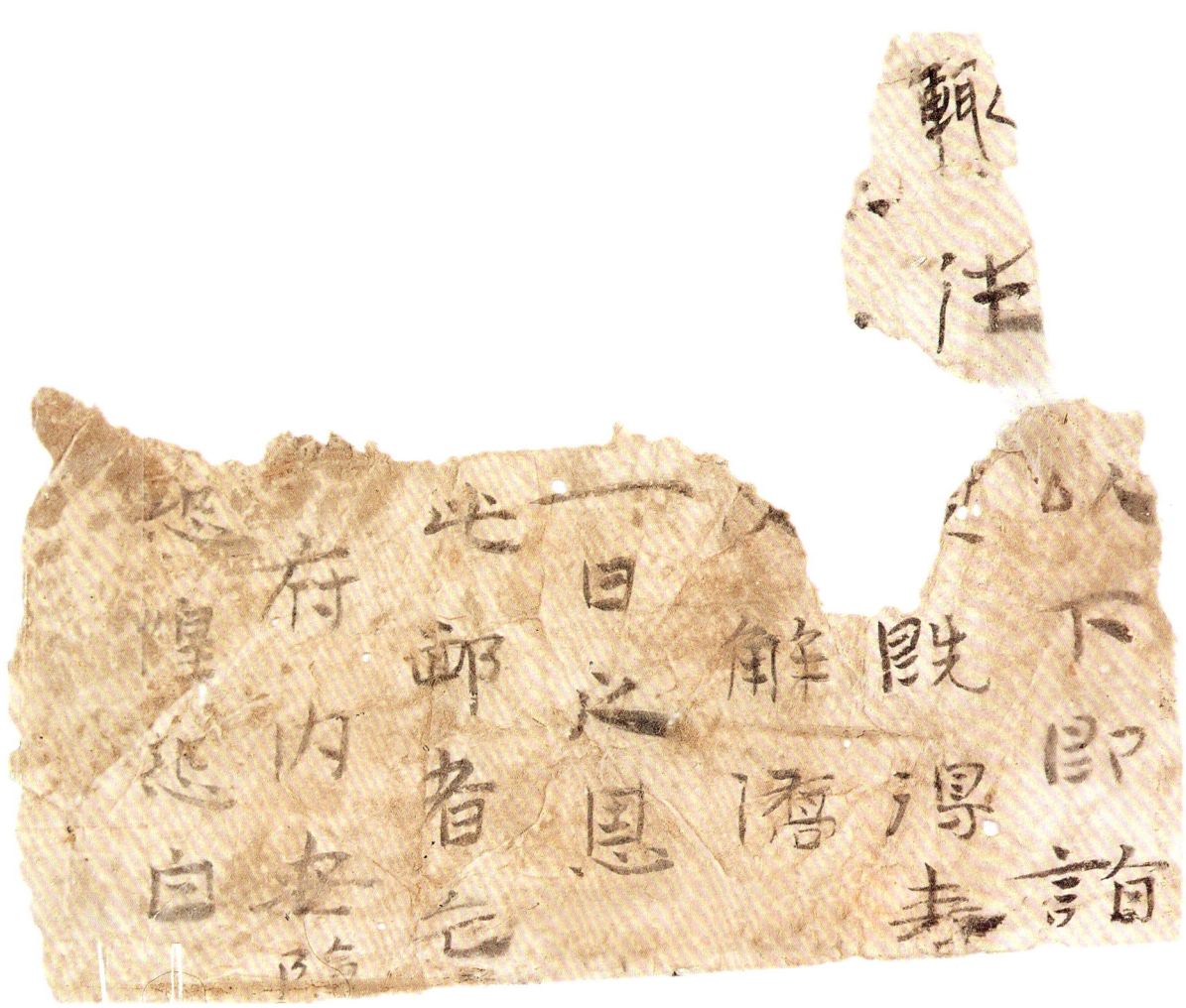

91. 悬泉墨书纸

Paper with character written in ink

西汉（公元前206年－公元8年）
Western Han Dynasty（206B.C.-8A.D.）

92. 蟠螭纹三足石砚
Three-legged ink stone with interlaced-hydra design

西汉（公元前206年—公元8年）
Western Han Dynasty (206B.C.-8A.D.)

Opening of the Silk Road · 丝绸之路的开拓

93. 木独角兽
Wooden unicorn

西汉（公元前206年－公元8年）
Western Han Dynasty（206B.C.-8A.D.）

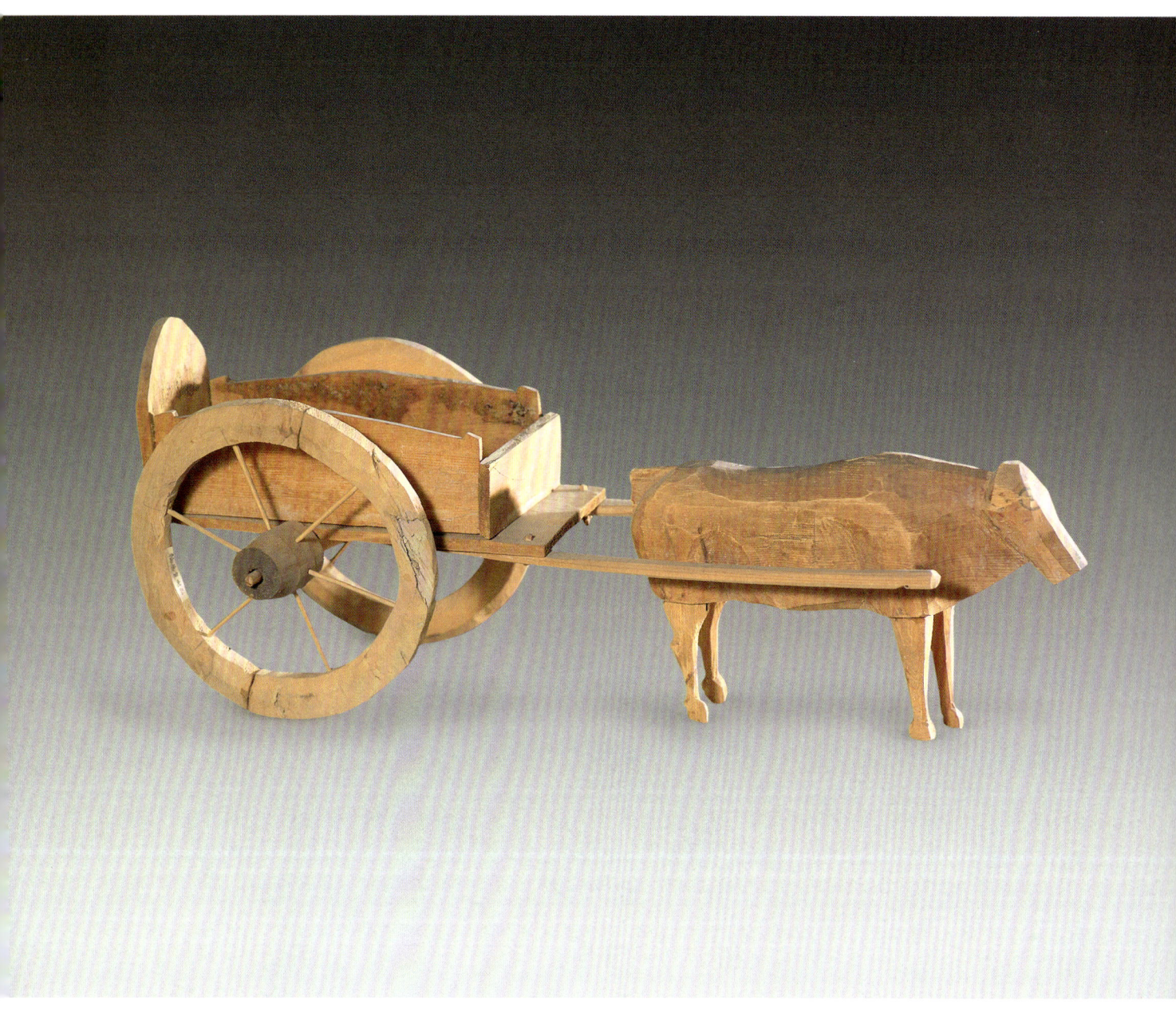

94. 木牛车
Wooden ox-drawn cart

西汉（公元前206年－公元8年）
Western Han Dynasty（206B.C.-8A.D.）

95. 木马
Wooden horse

西汉（公元前206年－公元8年）
Western Han Dynasty (206B.C.-8A.D.)

**96. 木六博俑**
Wooden six-chessman chess players

西汉（公元前206年－公元8年）
Western Han Dynasty（206B.C.-8A.D.）

97. "烹肉图"画砖
Painted brick with cooking-meat design

魏晋（公元220 – 420年）
Wei & Jin Dynasties（220-420A.D.）

98. "贵妇宴享图"画砖
Painted brick with noblewomen-at-banquet design

魏晋（公元220－420年）
Wei & Jin Dynasties（220-420A.D.）

99. "牛车出行图"画砖
Painted brick with going-on-a-long-journey design

魏晋（公元220 – 420年）
Wei & Jin Dynasties（220-420A.D.）

# 丝绸之路的繁荣
## Prosperity of the Silk Road

　　隋唐时期，国家统一、经济发展，其面向世界的开放政策，使东西方的物质和文化交流更加广泛，丝绸之路呈现出空前昌盛。甘肃作为交流纽带和商贸中转站的作用尤显突出，各种文化融会贯通，表现出宽容博大、绚丽清新的风格。佛教艺术自十六国时期传入河西以来，不断发扬光大，逐渐传播至全国。

The Sui and Tang Dynasties saw an unprecedented prosperous vision with unified country, developed economy, open policy to the outside world, more extensive cultural and materialistic exchange between the East and the West along the Silk Road. Gansu played a prominent role as a bridge and transferring center of the commercial and cultural exchange. Buddhist art was carried forward on this piece of land and spread to other parts of the country since it was introduced into the Hexi Corridor in the Sixteen Kingdom Period.

## 商旅往来

　　络绎不绝的中外商旅通过丝绸之路，将中国的丝绸、瓷器、造纸术等传至西方，又将西方的琉璃、珠宝、香料、药材等奇珍异物输入中国。沿途一些城市由此成为重要的商品集散地，呈现出"胡商贩客，日款于塞下"的繁忙景象。

### Coming and Going of the Merchants

The domestic and foreign merchants made continuous efforts to export Chinese silk, porcelain, technique of papermaking and import western colored glaze, jewelry, spice and medicinal herbs. The cities along the Silk Road hence became the important commercial centers, and merchants from different regions came and went by the fortresses all year long.

100. 波斯银币
Silver Persian coins

公元 309 – 379 年
309-379A.D.

## 101. 佉卢文买卖奴隶木牍
Wooden slats on slave trading in kharosthi

唐代（公元618 – 907年）
Tang Dynasty（618-907A.D.）

102. 三彩胡人牵马俑
Tri-color glazed pottery figurine of horse-dragging Hun

唐代（公元618－907年）
Tang Dynasty（618-907A.D.）

**103. 三彩胡人牵驼俑**
Tri-color glazed pottery figurine of camel-dragging Hun

唐代（公元618－907年）
Tang Dynasty（618-907A.D.）

104. 陶印度人俑
Pottery figurine of an Indian

唐代（公元618－907年）
Tang Dynasty
(618-907A.D.)

**105. 彩绘袒胸胡人俑**
Painted pottery figurine of belly-naked Hun

唐开元十八年（公元730年）
18th year of Kaiyuan period of the Tang Dynasty（730A.D.）

106. 彩绘黑人舞俑
Painted pottery figurine of dancing black people

唐开元十八年（公元730年）
18th year of Kaiyuan period of the Tang Dynasty (730A.D.)

107. 彩绘牵马俑
Painted pottery horse-dragging figurine

唐开元十八年（公元730年）
18th year of Kaiyuan period of the Tang Dynasty（730A.D.）

# 佛陀之光

甘肃是佛教最早传入的地区之一。僧侣东来西行，在佛教文化交流中发挥了重要作用。十六国以来，历代竞相兴建寺塔，开窟造像。莫高窟、麦积山、炳灵寺、天梯山、马蹄寺、南北石窟寺等，是当时著名的禅林胜地，其佛教艺术至今享誉世界，丝绸古道传世的佛教遗珍，更是灿若繁星。

## The Buddhist Culture

Gansu was one of the areas in China where the Buddhism was first introduced into. Monks took an important part in the communication of Buddhist culture. Since the Sixteen Kingdoms Period, a large number of temples and pagodas had been constructed, grottos had been built and statues had been made. Mogao Grotto, Maijishan Grotto, Binglingsi Grotto, Tiantishan Grotto, Matisi Grotto, Southern and Northern Grottoes were celebrated Buddhist temples at that time, their Buddhist art still enjoys an international fame now. Buddhist relics protected and passed down from generation to generation on the Silk Road are the shinning stars among all the cultural treasures we own.

**108. 菩萨像壁画**
Mural with image of Bodhisattva

北凉（公元 401 – 445 年）
Northern Liang Dynasty （401-445A.D.）

109. 供养人壁画
Mural with image of a donor

北凉（公元401－445年）
Northern Liang Dynasty (401-445A.D.)

110. 彩绘说法图壁画
Mural with preaching-the-Law pattern

北周
(公元 557 – 572 年)
Northern Zhou Dynasty
(557-572A.D.)

**111. 高善穆石造像塔**
Stone statue stupa made for Gao Shanmu

北凉承玄元年（公元428年）
1st Year of Chengxuan period of the Northern Liang Dynasty (428A.D.)

112. 石造像塔
Stone statue pagoda

北魏（公元 386 – 532 年）
Northern Wei Dynasty (386-532A.D.)

113. 王令猥石造像碑
Stone statue stele made for Wang Lingwei

北周建德二年（公元573年）
2nd Year of Jiande period of the Northern Zhou Dynasty (573 A.D.)

### 114. 李阿昌彩绘造像碑
Painted stone statue stele made for Li Achang

隋开皇元年（公元581年）
1st Year of Kaihuang period of the Sui Dynasty (581A.D.)

**115. 彩绘一佛二菩萨像**
Painted clay sculpture of one Buddha and two Bodhisattvas

唐代（公元618 – 907年）
Tang Dynasty (618-907A.D.)

**116. 石雕观音立像**
Stone statue of standing Bodhisattva Avalokitesvara

隋代（公元581－618年）
Sui Dynasty (581-618A.D.)

117. 铜鎏金十一面观音像
Gilded bronze statue of eleven-headed Bodhisattva Avalokitesvara

唐代（公元618－907年）
Tang Dynasty（618-907A.D.）

**118. 鎏金华盖铜佛像**
Gilded bronze statue of Buddha with canopy

后秦（公元 384 – 416 年）
Later Qin Dynasty (384-416A.D.)

### 119. 浮雕舍利石棺
Stone coffin-shaped sarira container with relief design

五代（公元907－960年）
Five Dynasties (907-960A.D.)

### 120. 泾川大云寺五重舍利宝函
Five sarira containers

唐延载元年（公元694年）
1st Year of Yanzai period of the Tang Dynasty (694A.D.)

121. 彩绘木塔
Painted wooden stupa

五代（公元 907 – 960 年）
Five Dynasties (907-960A.D.)

122.《报父母恩重经变》绢画
Silk illustration of Requiting Parent's Kindness Sutra

北宋淳化二年（公元 991 年）
2nd Year of Chunhua period of the Northern Song Dynasty (991A.D.)
（此说明为下页图片说明）

123.《道行品法句经》
Transcript of Dhammapada-sūtra

北朝（公元420－589年）
Northern Dynasties（420-589A.D.）

124.《大般涅槃经迦叶菩萨品之二》
Transcript of Mahapari-nirvana-sūtra

唐代（公元618－907年）
Tang Dynasty（618-907A.D.）

# 乐舞翩跹

随着丝绸之路的兴盛，中亚、印度等地的音乐、舞蹈艺术首先传入新疆和甘肃河西地区。在与本土乐舞相互融合的基础上，形成音律优美、舞姿婆娑的"龟兹乐"、"西凉乐"等乐舞艺术，它们后来成为隋唐宫廷乐舞的基础，并且传到朝鲜、日本等地。

## Tripping Music and Dance

With the flourish of the Silk Road, music and dance popular in central Asia and India were first introduced into Xinjiang Uighur Autonomous Region and Hexi Corridor in Gansu. Some new types of music and dance such as "Kucha music" and "Xiliang music", etc., with beautiful music and whirling dance formed on the basis of fusion of native artistic form and the foreign form laid a foundation for the palace music and dance of the Sui and Tang Dynasties afterwards and were introduced into Korea and Japan.

125. 胡腾舞俑
Figurine of Huteng dance performer

唐代（公元618 – 907年）
Tang Dynasty（618-907A.D.）

126. 彩绘吹排箫、弹琵琶、吹笛、击鼓俑
Painted clay figurine of Paixiao, Pipa, flute and drum players

唐代（公元618－907年）
Tang Dynasty（618-907A.D.）

127. 石刻彩绘吹排箫、吹笛、执琵琶、吹笙、吹贝蠡俑
Painted stone statue of Paixiao, flute, Pipa, Sheng and Beili players

隋唐（公元581－907年）
Sui & Tang Dynasties (581-907A.D.)

# 丝路奇珍

丝绸之路的繁荣促进了东西方社会经济的发展和文化的融合，也使甘肃成为丝绸古道上中国与西方文化、中原与西北少数民族文化交流的舞台，呈现出多姿多彩的文化面貌，各类艺术奇珍折射出独特的异彩。

## Treasures from the Silk Road

The prosperity of the Silk Road accelerated the economic development in the East and the West and the blending of different cultures, it also made Gansu the platform for the cultural exchange between China and western countries, Central Plain and minorities-lived area forming the diversified features of the culture in Gansu which was quite different with others at that time.

Prosperity of the Silk Road • 丝绸之路的繁荣   *147*

128. 联珠纹扁壶
Flask with granulation design

隋代（公元581－618年）
Sui Dynasty（581-618A.D.）

**129. 鎏金盏托**
Gilded calix pad

唐（公元618－907年）
Tang Dynasty（618-907A.D.）

130. 嵌松石金壶
Turquoise inlaid gold pot

唐代（公元618－907年）
Tang Dynasty (618-907A.D.)

131. 折叠高足鎏金银盘
Gilded silver tray with foldaway high stem

唐代（公元618 – 907年）
Tang Dynasty（618-907A.D.）

132. 三彩凤首壶
Tri-color glazed pottery phoenix-head-shaped pot

唐代（公元618－907年）
Tang Dynasty（618-907A.D.）

### 133. 海兽葡萄纹镜
Bronze mirror with marine animal and grape design

唐代（公元618 – 907年）
Tang Dynasty（618-907A.D.）

**134. 东罗马鎏金银盘**
Gilded silver tray from Eastern Roman Empire

唐代（公元618－907年）
Tang Dynasty（618-907A.D.）

135. 鸟纹鎏金铜梳
Gilded bronze comb with bird design

唐代（公元618 – 907年）
Tang Dynasty (618-907A.D.)

**136. 狩猎纹鎏金铜杏叶**
Gilded bronze apricot-shaped ornamental piece with hunting design

唐代（公元 618 – 907 年）
Tang Dynasty (618-907 A.D.)

### 137. 红地中窠小花对鸟纹锦
Red brocade with small flower and confronting-bird design in medium size

唐代（公元618－907年）
Tang Dynasty (618-907A.D.)

**138. 黄地宝相花纹锦**
Yellow brocade with round floral design

唐代（公元618－907年）
Tang Dynasty（618-907A.D.）

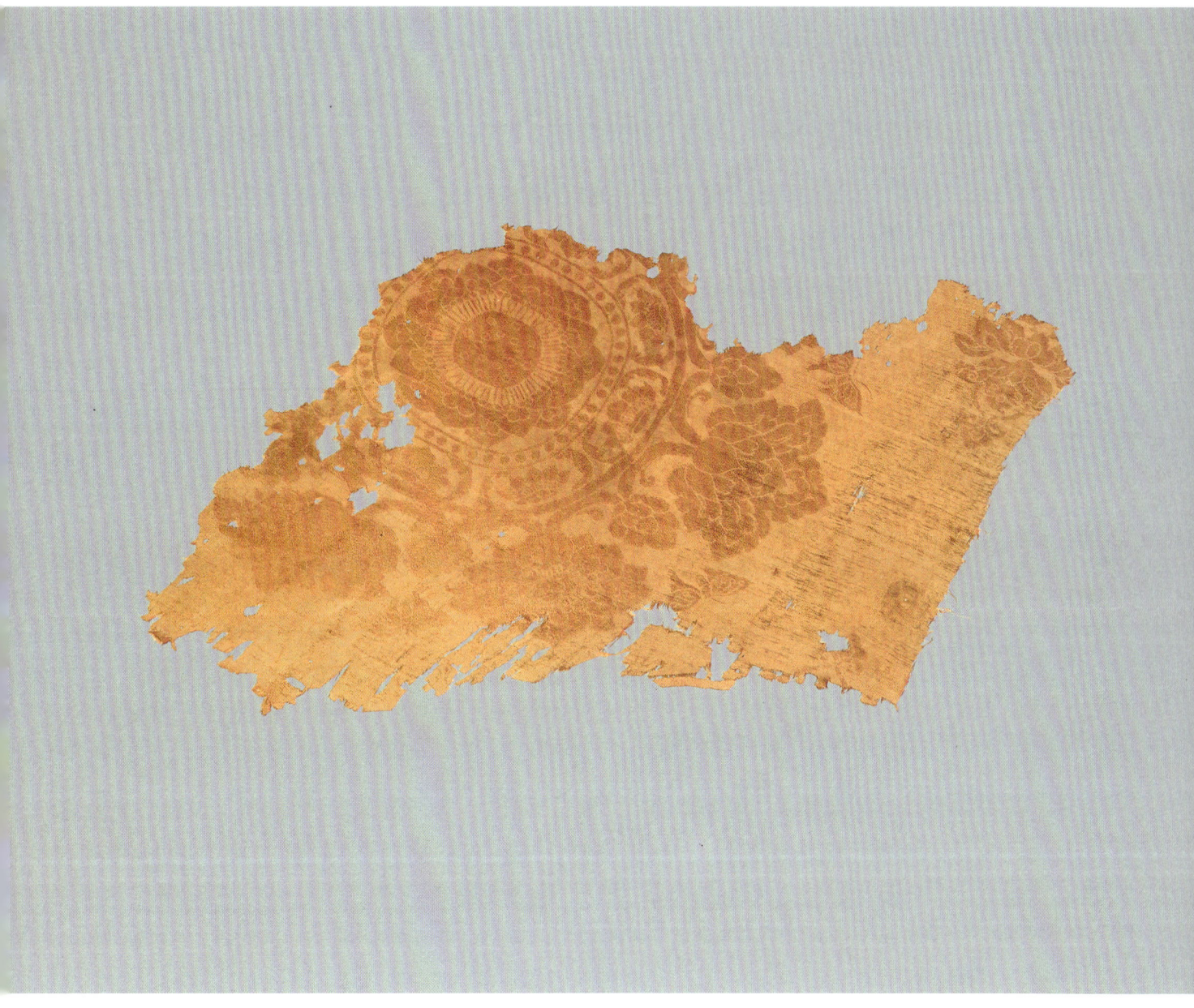

139. 红色独窠蝶绕宝花纹绫
Red thin silk with single butterfly-surrounding-flower design

唐代（公元618－907年）
Tang Dynasty（618-907A.D.）

# 丝绸之路的绵延
## Continuity of the Silk Road

　　唐代以后海上丝绸之路逐渐兴起，但陆上丝绸之路并未中断。宋、金、西夏、河湟吐蕃通过丝绸之路和西域诸国仍保持着密切联系。蒙元帝国横跨亚欧大陆，为东西方的交流创造了更为有利的条件，特别是工匠、军民的大量往来迁徙，促成了新的民族的形成和科技文化的发展，使甘肃凸显出多元文化景观。

The Sea Route of the Silk Road gradually appeared after the Tang Dynasty, while its continental route was still in operation. The Song, Jin, Western Xia Kingdoms and the Tibetans in the area of Yellow River and Huangshui River valley kept a close touch with kingdoms in Western Region. The Mongol Empire established bestrode Asian and European continent providing a favorable condition for the exchange between the East and the West, especially the migration of the craftsmen, soldiers and citizens in large number caused the formation of new nations and development of science, technology and culture. Hence made culture in Gansu a diversified one.

# 文化多彩

宋元时期，甘肃地区汉、藏、回鹘、党项、蒙古等民族长期共同相处。商业贸易兴盛，印刷术、火药、天文、医学等科学技术频繁交流，藏传佛教、伊斯兰教广泛传播，形成了百花争艳的文化格局。

## Colorful Culture

In the Song and Yuan Dynasties, Han people live peacefully with the Tibetans, the Uighurs, the Tanguts, and the Mongols in Gansu. The prosperity of the trade and the frequent exchange in the field of science and technology, such as, papermaking, gun powder making, astronomy and medicine; the extensive spread of Tibetan Buddhism and Islam formed the diversified characteristic of culture in Gansu Where different cultures grew freely together.

### 140. 錾花牡丹纹金碗
Gold bowl with engraved peony design

西夏（公元 1032 – 1227 年）
Western Xia Dynasty（1032-1227A.D.）

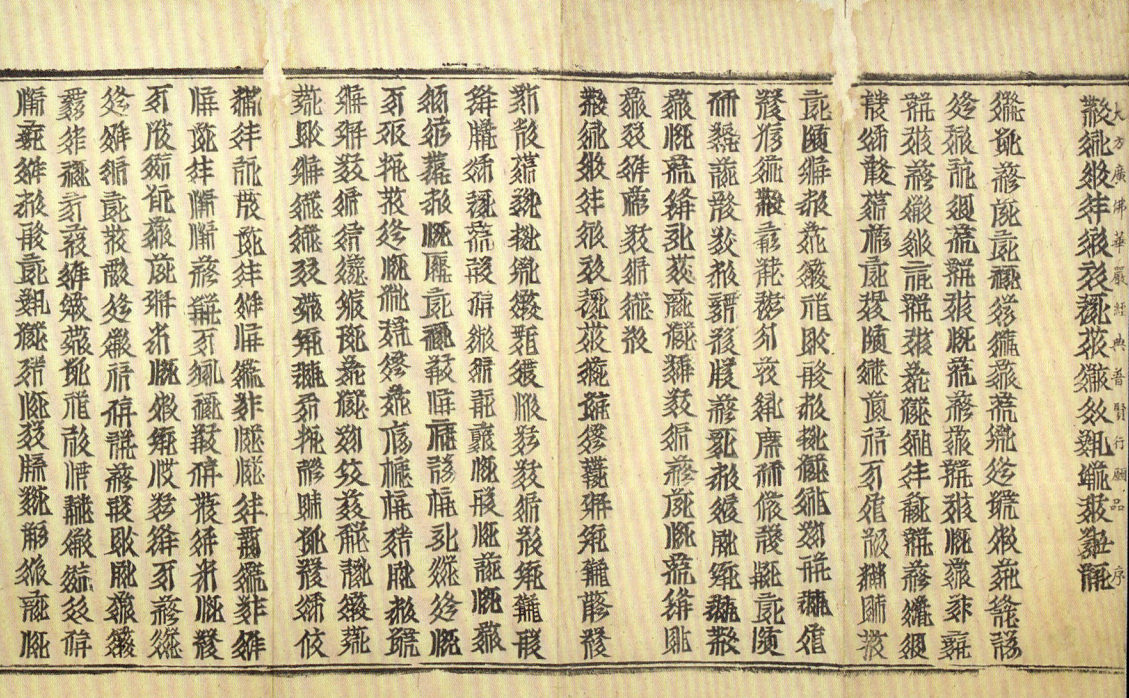

141. 西夏文活字版印本《大方广佛华严经》
Printed Buddhavatamsaka-sūtra of type edition

西夏（公元 1032 – 1227 年）
Western Xia Dynasty（1032-1227A.D.）

142. 西夏金字《金光明经》
Suvarna-prabhasottama-sutrendraraja-sūtra with gold powder in Western Xia character

西夏（公元 1032 – 1227 年）
Western Xia Dynasty（1032-1227A.D.）

143. "五侍男"木板画
Painted wood block with five-boy-servant picture

西夏天庆七年（公元1196年）
7th year of Tianqing period of the Western Xia Dynasty（1196A.D.）

144. "五侍女" 木板画
Painted wood block with five-girl-servant picture

西夏天庆七年（公元1196年）
7th year of Tianqing period of the Western Xia Dynasty (1196A.D.)

145. 妆金奔鹿纹锦
Silk tabby with galloping deer design woven out of golden thread

元代（公元 1271 – 1368 年）
Yuan Dynasty (1271-1368A.D.)

**146. 妆彩吉羊团花缎**
Satin with colored auspicious sheep and round floral design

元代（公元 1271 – 1368 年）
Yuan Dynasty（1271-1368A.D.）

**147. 织金锦风帽**
Golden-thread-woven silk tabby hat

元代（公元 1271 – 1368 年）
Yuan Dynasty（1271-1368A.D.）

148. 八思巴文银字符牌
Tally with Basiba character in silver

元代（公元 1271 – 1368 年）
Yuan Dynasty (1271-1368A.D.)

**149. 玻璃莲花托盏**
Glass lotus-shaped calix and pad

元代（公元 1271 – 1368 年）
Yuan Dynasty（1271-1368A.D.）

**150. 荷塘鹭鸶纹青玉钮**
Greenish blue jade knob with lotus pond and bittern design

元代（公元 1271 – 1368 年）
Yuan Dynasty （1271-1368A.D.）

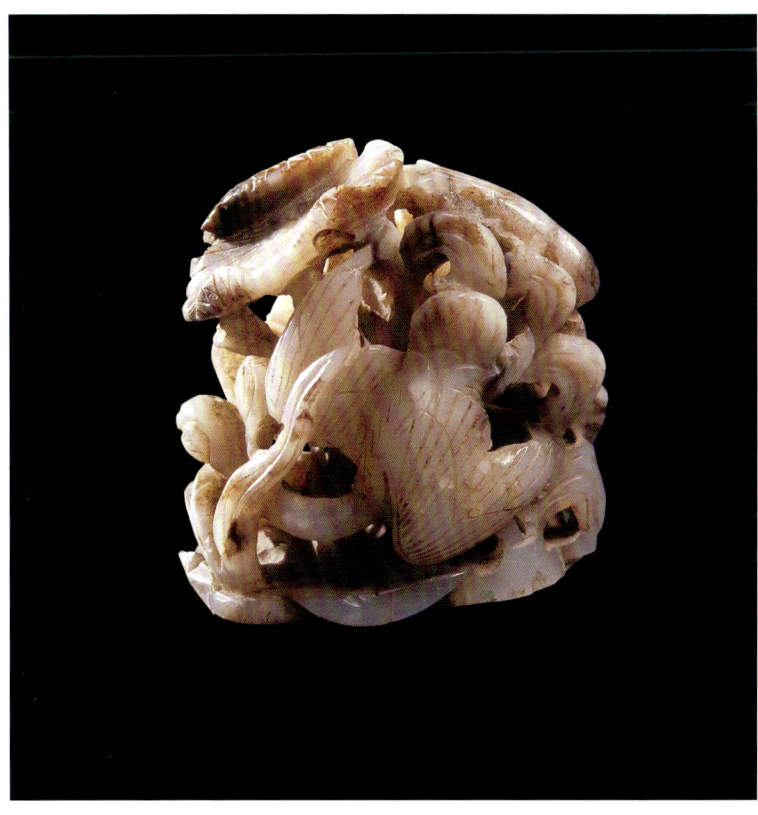

**150. 海冬青攫天鹅纹白玉钮**
White jade knob with falcon-seizing-swan design

元代（公元 1271 – 1368 年）
Yuan Dynasty （1271-1368A.D.）

### 151. 铜牦牛
Bronze yak

元代（公元 1271 – 1368 年）
Yuan Dynasty (1271-1368A.D.)

# 瓷器生辉

　　宋元是中国制瓷业的高峰时期,瓷器成为重要的贸易商品,远销亚、非、欧很多国家,制瓷技术亦远传丝绸之路沿途各国。今天,全国各窑口的瓷器在甘肃均有发现,反映出当时瓷器生产的兴盛与贸易的繁荣。

## The Brilliance of the Porcelain

The Song and Yuan Dynasties were the heights of the porcelain making industry, porcelain was also the important trading commodity transported to as far as Asian, African and European countries, the porcelain making technique was introduced into countries along the Silk Road. Porcelain wares from various kilns all over China have been found in Gansu till now reflecting the prosperity of porcelain production and trade at that time.

**152. 耀州窑青釉卧狮盏**
Celadon calix with reclining-lion-shaped pad of Yaozhou kiln

宋代（公元960－1279年）
Song Dynasty (960-1279A.D)

**153. 耀州窑五足炉**
Five-legged celadon incense burner of Yaozhou kiln

北宋（公元 960 – 1127 年）
Northern Song Dynasty （960-1127A.D.）

**154. 官窑粉青瓜棱瓶**
Light greenish blue glazed porcelain polygonal vase of Guanyao kiln

南宋（公元 1127 – 1279 年）
Southern Song Dynasty（1127-1279A.D.）

### 155. 磁州窑虎纹瓷枕
Porcelain pillow with painted tiger design in black of Cizhou kiln

北宋明道元年（公元1032年）
1st year of Mingdao period of the Northern Song Dynasty (1032A.D.)

**156. 草书西夏字莲纹瓷罐**
Porcelain jar with Western Xia character in cursive hand and lotus design

西夏（公元 1032 – 1227 年）
Western Xia Dynasty（1032-1227A.D.）

**157. 黑釉剔花大缸**
Black glazed porcelain jar with incised design

西夏（公元 1032 – 1227 年）
Western Xia Dynasty（1032-1227A.D.）

**158. 景德镇釉里红高足杯**
Underglaze red high stem porcelain cup of Jingdezhen kiln

元代（公元 1271 – 1368 年）
Yuan Dynasty (1271-1368A.D.)

**159. 青花鸾凤纹匜**
Blue and white porcelain Yi with phoenix bird design

元代（公元1271－1368年）
Yuan Dynasty（1271-1368A.D.）

**160. 青花花卉纹玉壶春瓶**
Blue and white pear-shaped porcelain vase with flower and grass design

元代（公元 1271 – 1368 年）
Yuan Dynasty (1271-1368A.D.)

**161. 鸳鸯纹青花碗**
Blue and white porcelain bowl with mandarin duck design

元代（公元 1271 – 1368 年）
Yuan Dynasty（1271-1368A.D.）

**162. 青花高足杯**
Blue and white porcelain stem cup

元代（公元 1271 – 1368 年）
Yuan Dynasty（1271-1368A.D.）

# 结束语

  驼铃阵阵，羌笛悠悠，丝绸之路跨越无限的戈壁、漫漫的沙漠、险阻的山脉，把中国文明、印度文明、两河文明、罗马文明连接在一起，将古代中国推上国际舞台。丝绸之路是商贸大道、文化走廊，也是文明之路、开放之路。它的历史，是古代中国与世界友好交往的历史；它向人们揭示：开放接纳，博采众长，才能促进人类文明的进步。在西部开放开发的今天，这条千年古道将重新焕发青春魅力。

# EPILOGUE

The inexhaustible shadow of camel, melodious sound of bamboo flute of Qiang nationality present us a vivid image of the communication among Chinese civilization, Indian civilization, Euphrates and Tigris civilization and Roman civilization through the Silk Road. It was the communication with outside world that make China an important part on the stage of international affair. The Silk Road was a trading road, cultural corridor, road of spreading civilizations, road of opening mind. It recorded not only the history of friendly communication between China and the rest of the world, but also tells us that absorbing strong point of other nations with exoteric mind is the best way to push forward the human civilization. We wish that the ancient Silk Road would exert the same function as it once did in the new opening-to-the-outside period of the northwest China.

# 图版说明

## 1. 彩陶权杖头

庙底沟类型（公元前3900－前3500年）

西和县宁家庄出土
西和县博物馆藏

腹径10厘米、高7厘米。陶杖头中央有一个上小下大的穿孔，以安插木杖。表面在橙色陶衣上彩绘黑色弧线三角纹。权杖头是昭示身份、象征权威的特殊器具，距今5500年或更早权杖头比较集中地发现于古埃及、近东、安那托利亚、黑海及里海周边地区。中国境内的权杖头在空间上仅分布于甘肃、陕西西部、新疆等地。其形态与近东和中亚发现的同类物非常相似，可以基本认定，权杖这种具有特殊功能的器具不是华夏文明固有的文化特质，应属外来因素。

## 2. 四羊首青铜权杖头

四坝文化（公元前1900－前1400年）

1976年玉门市火烧沟出土
甘肃省文物考古研究所存

高8.5厘米、宽7.2厘米。权杖之首，是象征王者或首领权威的特殊器具，早期的权杖头多发现于古埃及、近东、黑海及里海周边地区。中国境内仅见于甘肃、陕西、新疆等地。此青铜权杖头与高加索山脉南麓特利墓地出土的1件有5枚瘤状凸钮的权杖头造型非常之接近，类似形状的权杖头在摩尔达维亚的波诺蒂诺窖藏和多拉克王墓也有所发现，年代在公元前2千纪前后，比四坝文化稍早。

## 3. 铜刀

齐家文化（公元前2100－前1700年）

康乐县苏集乡出土
甘肃省博物馆藏

长18.6厘米、宽2.9、厚0.2厘米。环首、直柄、拱背，刀头略向上弯翘。刀锋尖锐，首部圆环规整有致。制作工艺比马家窑文化的刀具有明显进步，尤其是刃部成反拱形，便于切割。

## 4. 金鼻环

四坝文化（公元前1900－前1400年）

民乐县东灰山出土
甘肃省文物考古研究所存

周长8厘米、直径0.3厘米。鼻饮成圆环形，环体断面为圆柱形，两端锤成马蹄形，交接处留有空隙，用来卡在鼻隔膜上作装饰。整体造型简洁，是目前考古发现的最早金质装饰品。

## 5. 瓦纹绿玉琮

齐家文化（公元前2100－前1700年）

静宁县治平乡出土
静宁县博物馆藏

高14.7厘米、宽8.2厘米、孔径6.9厘米。琮身四角被琢为圆弧形，横雕十三道瓦棱纹，形成四条纵向的弧棱带，两带之间减地为界，中心圆管凸起于两端。玉质光洁莹润，色泽翠绿，雕刻细腻，工艺精湛，造型承袭了良渚文化玉琮外方内圆的形态，是齐家文化玉器不可多得的佳品。

## 6. 白玉璧

齐家文化（公元前2100－前1700年）

武威市皇娘娘台出土
甘肃省博物馆藏

高0.9厘米、直径8.8厘米、孔径2.7厘米。器型扁平、厚薄不均。璧面光洁，玉色青白，周边有沁蚀。造型承袭了良渚文化的玉璧风格，而且也有在墓中同时伴出玉琮的现象。

## 7. 玉凿

四坝文化（公元前1900－前1400年）

1976年玉门市火烧沟出土
甘肃省博物馆藏

长14厘米、宽2.3厘米。略呈长方体、扁刃，一面凿身略向内凹，体近长方，四面琢磨成两面尖刃，一面凿身形成凹入，后部未做精加工，保留有断碴。玉质光滑，色泽润白。

## 8. 蚕纹双联陶罐
### 齐家文化（公元前2100－前1700年）

1963年临洮县冯家坪出土
甘肃省博物馆藏

口径12.5厘米。罐腹部刻划出六条蚕纹，分为两组，每组三条，蚕有头、嘴、眼、尾；身上还有八九条平行线纹和折线纹。这些蚕纹与甲骨文"蚕"字和其他省区出土的新石器晚期的蚕纹极为相似。在三四千年以前的河陇地区的先民已经开始养蚕。

## 9. 红陶三足鸟形器
### 齐家文化（公元前2100－前1700年）

广河县齐家坪出土
广河县博物馆藏

通高12厘米。整体为鸟形，器口成圆环形，三柱足。造型与土耳其安那托里亚文明中的鸟形陶器颇为相似。

## 10. 人足形彩陶罐
### 四坝文化（公元前1900－前1400年）

1976年玉门市火烧沟出土
甘肃省文物考古研究所存

高11.3厘米、口径5.1厘米。橙黄陶，器身饰菱格纹，口沿内绘短条纹。双足前绘彩，形成短靴式样。靴是古代北方少数民族及西域各族最常见的鞋样式，在战国时期赵武灵王"胡服骑射"后传入中原。

## 11. 人形彩陶罐
### 四坝文化（公元前1900－前1400年）

1976年玉门市火烧沟出土
甘肃省文物考古研究所存

高21厘米。夹砂红陶，饰黑彩。头顶为器口，耳部有穿孔。足穿尖头大鞋，鞋平底，头尖而上翘。

## 12. 菱格纹彩陶罐
### 齐家文化（公元前2100－前1700年）

1977年古浪县出土
古浪县博物馆藏

高20.5厘米、口径9.3厘米、底径8.4厘米。橙黄陶，绘黑彩。腹部有一对小突鋬。肩部有一圈等距离的小凹槽。齐家文化的菱格折线纹彩陶罐，与土耳其安那托里亚文明中的菱格折线纹彩陶罐十分相似。

## 13. 镶绿松石彩陶罐
### 四坝文化（公元前1900－前1400年）

1976年玉门市火烧沟出土
甘肃省文物考古研究所存

高8.5厘米、口径7.7厘米。夹砂红陶，敞口、斜腹、束腰、折下腹、小平底，有对称双大耳。罐内外折腹以上均饰黑彩。图案为粗细相向的线条网纹和三角形纹。折腹下粘有一圈绿松石片作为装饰，在彩陶制作工艺上极为罕见。

## 14. 三狼钮盖彩陶鼎
### 四坝文化（公元前1900－前1400年）

1976年玉门市火烧沟出土
甘肃省博物馆藏

高27厘米、长23厘米、宽12厘米。方鼎原绘有深灰色网格纹，现已大部分脱落。方鼎的器盖上形象地塑造着三个站立的狼，两耳耸起，双眼圆睁，具有北方草原文化的显著特征。

## 15. 羊头柄彩陶方杯
### 四坝文化（公元前1900－前1400年）

1976年玉门市火烧沟出土
甘肃省博物馆藏

高5.1厘米、口径4.5厘米、底径3.5厘米。褐黄陶，方杯一侧的把柄作面部朝上的弯角羊头形。

## 16. 羊纹铜鬲
### 西周（公元前1046－前771年）

宁县出土
庆阳市博物馆藏

高13厘米、口径17.5厘米。口沿宽平，向外翻折。束颈、鼓腹、三蹄足。腹部延伸至蹄足的部分有凸起的长扉棱。纹饰以扉棱为鼻脊组成变体兽面纹。口沿内侧铸铭文一周，字体横向，共19字："中生父作井孟姬宝鬲，其万年子子孙孙永宝用"。可能是周的贵族中生父为其嫁到井国的长女孟姬而做的器。

### 17. 师伯铜簋
西周（公元前1046－前771年）

宁县湘乐乡出土
宁县博物馆藏

高16厘米、长33.7厘米、宽15.4厘米。长方形，四角为圆角，深母口盖，四足与盖钮均为矩形，矩形足之间由浅裆连接，形成圈足。盖顶中央有一圆凸，周饰夔纹，以云雷纹为地。盖与器口沿部位饰回纹。盖身与器身饰瓦棱纹。腹内底铸铭纹6字："师伯作中佶尊"。师伯是周的军事长官，此簋可能是其为夫人中佶而做的器。

### 18."㽙"铜鼎
西周（公元前1046－前771年）

1972年灵台县白草坡出土
甘肃省博物馆藏

高60厘米、口径50厘米。折沿、平唇、方立耳，略外撇。鼓腹，圆底，三柱足。腹上部近口沿处等分六条短扉棱，以扉棱为鼻脊，饰六组兽面纹，以云雷纹为地，兽面之上又饰卷云纹，形成三层花纹。足上部也有短扉棱，以扉棱为鼻脊，饰兽面纹。腹内近口沿处铸"㽙"字。造型浑厚，纹饰华丽，铸造精良，是西周早期器物的代表作。

### 19. 㝬伯铜簋
西周（公元前1046－前771年）

1972年灵台县白草坡出土
甘肃省博物馆藏

高15.3厘米、口径20.5厘米、底径16.2厘米。敞口，口沿外折，深腹微鼓。兽首双耳，耳下部附钩珥。高圈足上有六条扉棱。颈部与圈足饰图案化了的连体兽面纹、云雷纹。腹内壁六字铭："㝬伯作宝尊彝"。字体清秀隽美，笔势顺畅。纹饰线条精致细密，铸造工艺非凡。

### 20. 㝬伯铜盉
西周（公元前1046－前771年）

1972年灵台县白草坡出土
甘肃省博物馆藏

高27.6厘米、口径12.1厘米。盉为分裆鬲形，束颈，半环形牛首，管状流，三柱足。盖顶半环钮，盖与盉之间用活链相连。盖沿与颈部饰兽面纹、线条细密、已云雷纹化。腹部饰双道三角折线。流饰夔纹、蕉叶纹。盖内铭文："㝬伯作宝尊彝"。

### 21. 㝬伯铜卣
西周（公元前1046－前771年）

1972年灵台县白草坡出土
甘肃省博物馆藏

高32.4厘米、宽20.7厘米、口径13厘米。卣身呈筒状，子口盖，盖顶有圆握。提梁梁面饰凤纹，与卣体结合的提梁两端成牛首状。盖边及器身分饰三组弦纹间对凤纹。盖内及腹内底皆有铭文："㝬伯作宝尊彝"。这种筒形提梁卣在中原地区夏商周青铜文化中找不到源头，显示出浓郁的北方草原气息，成为游牧文化与农耕文化密切交融的生动印记。

### 22. 铜甗
西周（公元前1046－前771年）

1972年灵台县白草坡2号墓出土
甘肃省博物馆藏

高38厘米、口径23.2厘米。侈口外折沿，直立耳，深腹，腹内底有活动的箅子。分裆高、三柱足。口沿下饰六组图案化了的兽面纹。腹部素面。以鬲足外棱为鼻脊，各饰一组兽面纹，兽面配以牛角，向两侧展开。整体造型规整，纹饰细腻而清晰，是难得的精品。

### 23. 人头形铜钩戟
西周（公元前1046－前771年）

1972年灵台县白草坡出土
甘肃省博物馆藏

长25.5厘米、宽23厘米。援基饰一浮雕牛头。戟上人头呈长颅、深目、高鼻、窄面、薄唇状，脸部铸刻有"❤"字符号，目前有学者认为其是最早进入新疆和河西走廊的吐火罗人的形象。

### 24. 青铜虎纹钺
西周（公元前1046－前771年）

1972年灵台县白草坡出土
甘肃省博物馆藏

长23厘米、宽15厘米。整体为耳形，钺身浮雕虎纹。虎脊为刃，虎口向下弯曲，张口为銎，可安柄，下颌有孔以固定木柄。虎尾处为短胡，有两个长方形穿。这种用浅銎、銎内穿与胡穿相结合的设计独具匠心，纹饰则具有浓郁的北方文化特色。

### 25. 镂空鞘铜剑
西周（公元前1046－前771年）

1972年灵台县白草坡车马坑出土
甘肃省博物馆藏

长24.3厘米、宽10.5厘米。剑身为长三角形，扁茎，脊部有血槽，饰夔纹和雷纹。木柄已失。鞘身镂空，中心为一蟠蛇，鞘口两侧饰一对反向相对的犀牛。出土时鞘内有漆木残屑，说明原配木制内鞘。这种形制的短剑对稍后兴起的北方青铜短剑产生了强烈影响，在兵器发展史中占有重要地位。

### 26. 马络头饰
西周（公元前1046－前771年）

1972年灵台县白草坡车马坑出土
甘肃省博物馆藏

马面正中为当卢，背有十字钮和鼻。当卢上下各有大圆泡与之连接，其余绕额、颈、颊的为小型螺纹泡饰，背面皆有钮。交结处用十字钮连接。各装饰品均用革带连接。马络头饰是乘马头部流行的装饰，此为复原的式样。

### 27. 鳞羽形金饰片
春秋（公元前770－前476年）

礼县大堡子山出土
甘肃省博物馆藏

纵长12厘米、横长7厘米。长方形鳞片下端呈菱弧线状。上端两侧有钉孔，或一孔，或两孔。两侧及下端有边缘轮廓线，双线勾勒，中心上下有重线花瓣纹各一。线条清晰，富有装饰性。金饰片只有上端两边有钉孔，推测以小金钉固定上端，片片叠压，装饰在棺椁外，似组成金鸷鸟的羽毛。秦人大量使用黄金的现象，可能是受斯基泰人尚金习俗的影响。

### 28. 云纹圭形金饰片
春秋（公元前770－前476年）

礼县大堡子山出土
甘肃省博物馆藏

纵长13.3厘米、横长6.2厘米。金饰片成倒置的圭状，下端为圭首，上端略呈梯形。中部突起扉棱。在隐约可辨的轮廓线内，饰相背的简化云纹两组。构图明快，手法简练，此类饰片未见钉孔。正面涂朱砂，是秦人特有的风俗。

### 29. 垂鳞纹秦公铜鼎
春秋（公元前770－前476年）

礼县大堡子山出土
甘肃省博物馆藏

通长24.3厘米、宽10.5厘米。垂腹，敛口，唇口外折，方立耳，平底，三蹄足，上有山字形扉棱，饰兽面纹。口沿外一周窃曲纹，腹部三道间错的垂鳞纹。耳部饰重环纹。器腹内壁有两行六字刻铭："秦公作铸用鼎"。有专家推测墓主人为秦襄公。

### 30. 铜匜
春秋（公元前770－前476年）

礼县大堡子山出土
甘肃省文物考古研究所存

长22.5厘米、高9.5厘米、宽12厘米。瓢形，接近椭圆，圜底，有四足，上有卷云纹。流口长且宽，稍外撇。器后部沿上有丁形装饰，沿下有环形。腹部近口沿饰一圈云雷纹。为盥洗时与盘配合使用的注水器具。

### 31. 回纹铜鼎
春秋（公元前770－前476年）

礼县大堡子山出土
甘肃省文物考古研究所存

高18厘米、直径18厘米。垂腹，口微敛，唇口外折，方立耳，平底，三蹄足，上有凸棱一周。腹部近口沿饰宽方形回纹一周。

### 32. 垂鳞纹铜鼎
春秋（公元前770－前476年）

1998年礼县圆顶山出土
礼县博物馆藏

通高21.2厘米、口径23.6厘米。口微敛，平折沿，厚方耳，略外撇。鼓形浅腹，圜底平，底有烟炱。三蹄足粗壮硕大。腹上部饰一周凤鸟形窃曲纹，上下双凤共目而各有喙，凤躯体图案化。下腹部饰两排相错的垂鳞纹，两种纹饰之间用宽凸弦纹相隔。耳饰重环纹，足上部饰蟠虺纹。圆顶山墓区秦器上的垂鳞纹已处于次要地位，凤鸟形窃曲纹成为主体纹饰。

### 33. 铜簋

*春秋（公元前 770 – 前 476 年）*

1998 年礼县圆顶山出土
礼县博物馆藏

　　高 19.2 厘米、口径 17.6 厘米、通宽 31 厘米。弧面盖，盖顶饰圆握，深子口微内敛，鼓形腹。双兽首耳，兽首凸目，高方角，卷鼻。圈足外侈，下附三小兽首足。盖顶圆握内、盖沿、上腹部及圈足皆饰蟠虺纹，盖面及下腹部饰瓦棱纹。器形及纹饰接近桓公时代的秦公簋。

### 34. 凤鸟纹方铜壶

*春秋（公元前 770 – 前 476 年）*

1998 年礼县圆顶山出土
礼县博物馆藏

　　壶高 48 厘米、宽 44 厘米、口径 20.8 厘米。盖顶、圈足与壁形套环饰蟠虺纹，盖沿、器颈、器腹饰对凤纹，凤体纠结如蟠虺状，环目、凤首、勾喙清晰可见。颈部对凤纹下饰双钩云纹。凤首饰窃曲纹。此壶主题纹饰集双凤纹、窃曲纹、蟠虺纹于一体，以对凤纹为主体的窃曲纹和双耳上高举的凤首，充分体现了秦人鸟崇拜情结。

### 35. 蟠虺纹铜盉

*春秋（公元前 770 – 前 476 年）*

1998 年礼县圆顶山出土
礼县博物馆藏

　　通高 32.5 厘米、宽 35 厘米、口径 9.4 厘米。长方形高盖，深子口，圆唇。盉身扁体，略成椭圆形，圆底平，下支蹲坐熊头顶行虎的四足。盉身一侧中部弯出兽流，兽头立双角，嘴圆张为流口。与流相对的另一侧为兽身鋬。鋬上部饰一仰身坐熊，盖顶中心饰卧鸟，齿冠硕大。盖四角饰与卧鸟同形的四只小鸟，鸟首向外。盖沿四角斜棱上各饰一只向上爬行的小虎，与鋬靠近的侧面，饰一前体附盖、后体悬空的大虎，双后足与鋬上仰身坐熊前举的双掌相接，构成器盖开合的旋轴与活链，构思非常精巧。盉身饰蟠虺纹。全器共附着各类动物 32 只，动物造型富于情趣，生动活泼，显示了高超的铸造工艺。

### 36. 蟠虺纹铜盘

*春秋（公元前 770 – 前 476 年）*

1998 年礼县圆顶山出土
礼县博物馆藏

　　敞口，平折沿，浅腹，圈足外撇，下附三兽首足，方附耳。通体饰蟠虺纹。为盥洗时与匜配合使用的承水器具。

### 37. 铜车形器

*春秋（公元前 770 – 前 476 年）*

1998 年礼县圆顶山出土
礼县博物馆藏

　　通高 8.8 厘米、宽 8.7 厘米。盖面由对开的两扇宵盖组成，盒上沿部四角各站立的小鸟可转动。将 4 鸟面向盖中，盖可锁住；4 鸟面向四周，盖即可打开。一侧盖上为一蹲坐的熊形钮，一侧为一跪坐的人形钮（头残）。盒体侧面四角附 4 个仰天长啸的小虎。盒体下附带轴的两对圆轮，并有辖、轊、轮可转动。每轮有 8 根辐条。此车造型独特，设计精巧。四轮之车，多见于北方草原和古代西亚。

### 38. 彩绘人形俑

*春秋（公元前 770 – 前 476 年）*

1972 年礼县采集
礼县博物馆藏

　　高 39.4 厘米、宽 13.7 厘米。瓶为人形，上身裸露，双手于腹前相叠。下身为筒形，只略表现微屈的双腿和后翘的臀部。面部表情沉静自然，嘴镂空成张开的形状，似在歌唱。眼睛刻划双眼皮。双耳为半月形，有耳穿。头顶部自顶部向下成一浅平台，浅平台内再向下成一圆形二层台，其上近后脑部位开一小圆孔为流，使倾倒液体时不至于从嘴巴处流出，设计非常巧妙，无论整体造型还是制作技艺都堪称杰作。

### 39. 铜编钟

*春秋（公元前 770 – 前 476 年）*

1998 年礼县圆顶山出土
礼县博物馆藏

　　高 14 – 26 厘米、宽 9.7 – 16.9 厘米，一套九件。钟体、两面纹饰相同，有蟠螭纹、变体、对鸟纹等。钟腔内壁边沿有调音造成的锉痕，表明是使用的乐器。原有铭文两行，已模糊不清。

### 40. 翼兽形提梁铜盉

*春秋（公元前 770 – 前 476 年）*

1962 年泾川县出土
甘肃省博物馆收藏

　　高 30.2 厘米、长 20.8 厘米、宽 22.5 厘米。张

嘴的兽首为流，短尾为鋬，兽身为器腹，四腿为盉的四足。提梁呈龙形。器腹两侧各浮雕一飞龙，龙体遍饰鳞纹，并各有五条扬起的羽翼，两只飞龙恰构成兽的双翼。全器组成完整的有翼神兽。有翼神兽是西亚神话怪兽"格里芬"向东传播的变体，与西亚、中亚和欧亚草原艺术有不解之缘，春秋中期或至少是晚期在中国出现，逐渐发展成为中国艺术的重要主题。

### 41．鼎形铜灯

战国 (公元前 475 — 前 221 年)

1974 年平凉市庙庄出土
甘肃省博物馆藏

打开高 30.2 厘米、收合高 16.7 厘米、口径 11.3 厘米。收合时，为三足圆鼎，内盛燃灯时所用的油料，盖两侧两鸭首，其宽嘴正好衔住双键，鼎盖便被牢牢扣住。用灯时，将双键支起，可插入鼎盖中心的圆銎中。此时鼎盖即成为被高高撑起的灯盏。全器构造精巧，设计科学，使用方便，封口严密不溢油，为贵族旅行时使用的灯。

### 42．琉璃珠

战国 (公元前 475 — 前 221 年)

1974 年平凉市庙庄出土
甘肃省博物馆藏

直径 2.2 — 2.4 厘米。琉璃和玻璃最初由波斯发明，约春秋战国时期传入我国。此组琉璃珠，装饰彩色斑环纹（又称蜻蜓眼），与地中海沿岸同时出土的琉璃珠完全一致。说明当时东西方交流已较为频繁。

### 43．鹰首铜饰

战国 (公元前 475 — 前 221 年)

征集
甘肃省博物馆藏

鹰首有特别突出的弯喙，颈部为长方形銎。有对称钉孔，是轴竿类顶端的饰物。以鹰首做装饰是阿尔泰地区斯基泰人春秋至战国时期非常流行的纹样，在战国时期由河西走廊传入中原。

### 44．对鸟纹金饰片

战国 (公元前 475 — 前 221 年)

2000 年清水县刘坪出土
甘肃省博物馆藏

纵长 5.7 — 5.9 厘米、横长 6.1 — 6.2 厘米。系薄金片锤鍱成形，四角有钉孔。是一个完整的四方连续图案。鸟形纹样是鄂尔多斯式动物纹的重要母题之一，图案化的鸟纹是一种最常见的表现手法。这种以鹰鸷为主题、尤其突出表现其钩状喙的典型手法，是受鄂尔多斯青铜牌饰的影响。

### 45．虎噬羊纹金饰片

战国 (公元前 475 — 前 221 年)

2000 年清水县刘坪出土
甘肃省博物馆藏

纵长 5.5 — 5.7 厘米、横长 8.4 — 8.5 厘米。采用锤鍱法，在薄金片的背面錾刻虎形，正面隆起，边缘剪切，四角有钉孔。虎呈蹲踞形，眼、鼻、耳、嘴、齿、爪都十分清晰，虎张嘴，伸钩状前爪抓住一羊。猛兽捕咬家畜的构思受鄂尔多斯式青铜牌饰题材的影响。

### 46．盘龙纹金饰片

战国 (公元前 475 — 前 221 年)

2000 年清水县刘坪出土
甘肃省博物馆藏

纵长 5.3 — 5.7 厘米、横长 4.3 — 4.7 厘米。薄金片锤打成蝴蝶形，两条龙交叉盘绕，龙首一侧饰两条小龙，龙尾一侧饰一对小虎，作咬噬龙尾状。龙身饰联珠纹。上部边缘有两个钉孔，下部边缘有一个钉孔。金饰片的造型既吸取了北方草原文化中动物盘绕、咬噬的构图方法，同时也表现出中原文化对龙的喜爱，体现出文化的融合。

### 47．镂空双马铜饰牌

战国 (公元前 475 — 前 221 年)

征集
甘肃省博物馆藏

长 10.8 厘米、宽 5.8 厘米。铜牌饰呈长方形，镂空。大树下两马分别咬住对方的背部和腿部。动物互咬的构图方式是北方草原文化常见的表现题材。

### 48．虎噬羊纹铜饰牌

战国 (公元前 475 — 前 221 年)

征集
甘肃省博物馆藏

高 5.1 厘米、宽 9 厘米、厚 0.1 厘米。虎呈蹲踞形，眼、鼻、耳、嘴、齿、爪都十分清晰，虎张嘴，伸钩状前爪抓住一羊。猛兽捕咬家畜的构思受鄂尔多斯式青铜牌饰题材的影响。

### 49．双鹿纹铜饰牌
战国 (公元前 475 – 前 221 年)

征集
甘肃省博物馆藏

长 13.2 厘米、宽 7.8 厘米。牌饰成长方形，镂空铸造，双鹿向背而立，头上弯曲的鹿角向后延伸至背部。

### 50．镂空大角鹿铜饰牌
战国 (公元前 475 – 前 221 年)

静宁县出土
静宁县博物馆藏

长 3.8 厘米、宽 3.6 厘米。鹿作站立状，昂首前视，大角向后延伸与背部相连，短尾上翘，整体扁平，造型简略。

### 51．青铜大角鹿
战国 (公元前 475 – 前 221 年)

张掖市龙渠乡出土
张掖市甘州区博物馆藏

高 8.5 厘米、长 10.4 厘米。突出的鹿角向后水平伸展卷曲成圆环形，与西伯利亚和阿尔泰地区出土的金或青铜的大角鹿几乎如出一辙。巨角贴背的卧鹿形饰是鄂尔多斯青铜艺术与斯基泰文化和塔加尔文化融合之后形成的西伯利亚青铜艺术晚期类型中的重要纹样，在战国晚期扩展并影响到河西走廊一带。

### 52．马首柄铜短剑
战国 (公元前 475 – 前 221 年)

捐赠
张家川县博物馆藏

长 11.6 厘米。剑身为三棱形，似镞。剑头为一圆雕马首，马首之下为一圆雕人首。箭镞柄上有麻花状凸棱。属于一种特殊形式的小型短剑，与鄂尔多斯青铜短剑有直接的渊源关系，在蒙古及以米奴辛斯克为中心的西伯利也很多见，从中可见文化的传播关系。

### 53．五龙斗虎铜扣饰
战国 (公元前 475 – 前 221 年)

西峰市出土
庆阳市博物馆藏

长 10.5 厘米、宽 6.3 厘米。虎向左，尾上有细刻线条，以示毛，尾卷于背，口叼蛟龙。五条蛟龙除一条被虎口咬住外，其余 4 条卷住虎身。右侧近沿处有一喙状凸钮，背凹，左有竖向桥钮。原为带扣。

### 54．流苏纹彩陶罐
沙井文化 (公元前 1000 – 前 500 年)

榆中县出土
甘肃省博物馆藏

口径 8.2 厘米、高 15.4 厘米。夹砂圜底罐，是游牧生活中炊、饮两用的陶器。流苏三角纹与新疆一带的陶器纹饰非常相似，一定程度反映出甘肃与新疆的文化关系。

### 55．鹰首铜饰
沙井文化 (公元前 1000 – 前 500 年)

永登县榆树沟出土
甘肃省博物馆藏

高 5.5 厘米。鹰首有特别突出的弯喙，颈部有对称钉孔，是轴竿类顶端的饰物。以鹰首做装饰是阿尔泰地区斯基泰人春秋至战国时期非常流行的纹样，在战国时期由河西走廊传入中原。

### 56．铜鹿
沙井文化 (公元前 1000 – 前 500 年)

永登县榆树沟出土
甘肃省博物馆藏

通高 6.7 厘米、长 5 厘米、宽 2.4 厘米。鹿作立状，无角，足下有长方銎，用以插柄，銎一侧有孔，用以固定柄部之用。铜立鹿是戎族青铜文化中常见的装饰品。

### 57．联珠纹铜带饰
沙井文化 (公元前 1000 – 前 500 年)

永昌县蛤蟆墩出土
甘肃省博物馆藏

长 10.3 厘米、宽 2 厘米。扁平长方形，凸起六弧面，中部镂空为菱形。出土时在人的腰部，为革带上装饰的铜扣件。

### 58．卧犬纹铜牌饰
沙井文化 (公元前 1000 – 前 500 年)

永登县榆树沟出土
甘肃省博物馆藏

高 9.1 厘米、宽 4.5 厘米。上部为不规则的镂空云纹，下部圆形中浮雕犬形纹。犬首尾相接成蜷曲状。背面内凹，下方有桥形钮。同时出土的相同牌饰有案可查3枚，应当是马具上装饰革带而且互相连接的串饰。

### 59. 竹节状铜针筒

西汉（公元前1000－前500年）

永昌县柴湾岗出土
甘肃省文物考古研究所存

长15.5厘米、筒径2厘米。镂空竹节形圆筒，共分六节，筒壁束腰成竹节状，每节饰凸凹弦纹五道，一端开口，一端为子母盖，盖内有横梁，可系绳佩戴。筒内装有皮囊，囊内存骨针4枚，针鼻犹存，保存完好。针筒制作精美，堪称佳品。

### 60. 河内工官弩机

东汉（公元25－220年）

酒泉市出土
酒泉市博物馆藏

高14.5厘米、底宽15.1厘米。在悬刀上有"河内工官"铭文。弩是汉代士兵主要的远射兵器，杀伤力极大。"机"则是弩的重要构件。弩机由望山、悬刀等构件组成。弩的其他构件如竹弓、木臂及丝弦等，皆已朽坏无存。

### 61. 木转射

西汉（公元前206－公元8年）

内蒙古额济纳旗甲渠侯关出土
甘肃省文物考古研究所存

高41厘米、宽41厘米。由四根方形松木榫铆接成，中心置一圆柱，轴中心开一内高外低的斜孔，圆轴下部安装木小梡，可使中轴左右转动。正面平整光洁，涂红色，背面制作粗糙。

转射为一种守御工具，一般嵌砌在坞墙埤堄之上。转射中心圆轴上，可架设弩臂或弓矢，能向左右转动120°。士兵站在坞（防御建筑）上，可通过斜下方孔向坞下瞄准放箭或观察敌情。必要时，转动圆轴封闭射孔，以防冷箭偷袭。

### 62. 睢阳造箭

西汉（公元前206－公元8年）

内蒙古额济纳旗甲渠侯关出土
甘肃省文物考古研究所存

长66.6厘米。箭头为三棱形，似镞头。剑身为竹竿，尾部羽毛已失，现仅存羽根。箭杆两头髹黑漆。箭杆中部刻有"睢阳六年造"五字。睢阳在今河南省商秋县附近，可见屯戍兵卒用的箭有一部分是由中原地区输入的。

### 63. 驿置道里簿

西汉（公元前206－公元8年）

内蒙古额济纳旗破城子出土、敦煌市悬泉置出土
甘肃省文物考古研究所存

内蒙古额济纳旗破城子出土的高平道驿置道里簿、敦煌悬泉置遗址出土的河西道驿置道里簿，文字清晰，里程确凿，精确到个位数，详细记载了河西若干地区的驿置道里。而且两枚简相互参补，可以复原一份完整的从长安出发、西到敦煌的里程表。对于研究两关以东丝绸之路的行进路线、两汉时期西北地区的驿传设置和详细里程都具有十分重要的价值。

### 64. 乌孙贵人传舍制度简

西汉（公元前206－公元8年）

敦煌市悬泉置出土
甘肃省文物考古研究所存

长15厘米、宽12厘米。记载了甘露三年十月辛亥（公元前51年），丞相属官王彭等人护送远嫁乌孙的解忧公主从乌孙返回长安的事情，同时记载了护送公主路程中的传舍制度。是汉代使节往来的见证。

### 65. "万石"仓印

西汉（公元前206－公元8年）

内蒙古额济纳旗甲渠侯关出土
甘肃省文物考古研究所存

长15厘米、宽12厘米。松木制造，木质松软，色黄。呈长方形，四角打磨成圆角，印面刮削平整，阴刻"万石"二字；背面成覆斗形，中间印钮安装处有方孔，钮已失。仓印是当时管理粮食的印信。

### 66. 木匙

西汉（公元前206－公元8年）

内蒙古额济纳旗甲渠侯关出土
甘肃省文物考古研究所存

长10－29厘米。用松木削制而成，木质扁平体，细长直柄，有宽方头匙、椭圆形宽匙头等。是汉代士兵食用和炒面的食具。

### 67．漆箸
**西汉（公元前206－公元8年）**

敦煌市悬泉置出土
甘肃省文物考古研究所存

长22.5厘米。木胎，细长圆柱体，粗细均匀，髹红漆为地，中间段髹黑漆，靠近上端的部分间隔髹黑漆形成两道平行弦纹。筷子古时候单根叫箸，箸的起源可追溯到周代，《礼记》、《荀子》、《史记》都提到箸，大约到了汉代以后，才普遍使用筷子，一般就地取材，南方用竹筷，北方用木制髹漆的筷子，而且，式样2000多年来从未有变化。

### 68．木梳
**西汉（公元前206－公元8年）**

金塔县肩水金关出土
甘肃省文物考古研究所存

长7.6厘米、宽6厘米。素面，顶部半圆形，下部长方形，篦齿细密，是梳妆用具。齿端有残损，表明是使用过的器具。

### 69．出火燧
**西汉（公元前206－公元8年）**

敦煌市马圈湾遗址出土
甘肃省文物考古研究所存

长7.6厘米、宽6厘米。红柳木制造，表面有十个钻灼的小孔，内存烧痕，是钻木取火的燧木。

### 70．"马厩图"木板画
**西汉（公元前206－公元8年）**

金塔县肩水金关出土
甘肃省文物考古研究所存

长25.5厘米、宽20厘米。两块木板内侧边缘穿孔，用麻绳连接成一副完整图画。画面用墨线绘制。画面左方绘一大树，树枝上栖落飞鸟，树下画三人正在奔跑，中心部位绘一匹黑马，被拴在树上，昂首嘶鸣。右方画一人双手牵马尾，头梳发髻，身穿长袍，腰系束带，双足穿履。

### 71．冥衣
**西汉（公元前206－公元8年）**

敦煌市马圈湾遗址出土
甘肃省文物考古研究所存

纵长4.5厘米、横长8.9厘米。残缺，粉红色，绿绸裹边，丝线缝制，保存较好。是冥器，在新疆一带的墓葬中多见，一般缝在死者入殓时所穿的衣服上。

### 72．铜连枝灯
**东汉（公元25－220年）**

1969年武威市雷台出土
甘肃省博物馆藏

高112厘米。灯呈树形，主干分为三段，套插而成。段与段衔接处各置一十字形蒂托，犹如灯树之分枝。十字托之横向四出，各立插透雕鸾凤缠枝纹叶片。每只叶片末端撑起一小盏，盏边沿插饰叶形火焰。主干最顶端为一大立环，环上饰镂雕骑鹿仙人，仙人高举双臂，擎托一大盏。主干中部三层十字分枝，每层有盏四只，自下而上依次递小，加上主干顶端的大盏，全树共承灯盏十三枝，故又称"十三盏连枝树灯"。

### 73．铜奔马
**东汉（公元25－220年）**

1969年武威市雷台出土
甘肃省博物馆藏

长45厘米、通高34.5厘米。铜奔马造型矫健精美，作昂首嘶鸣、逸足奔腾状。摄取了奔马三足腾空、一足超掠飞鹰的刹那瞬间。飞鹰回首惊顾，更增强奔马疾速向前的动势。铜奔马全身的着力点集注于超掠飞鹰的一足上，精确地掌握了力学的平衡原理，具有卓越的工艺技术水平。铜奔马是按照良马式的标准去塑造的，集河西马、大宛马、蒙古马等马种的优点于一身，特别是表现出河西走马的对侧步的特征，使凉州骏马邀游丝路、势凌万里的不凡气质通过巧妙的构思经营、精炼的艺术造型和卓越的铸铜工艺完美地体现出来。铜奔马成为东西方文化交往的使者和象征，因此被列为中国旅游的标志。铜奔马驰誉世界，它是全人类的文化瑰宝。

### 74．铜车马出行仪仗俑
**东汉（公元25－220年）**

1969年武威市雷台出土
甘肃省博物馆藏

主车舆车通长36厘米、马高40厘米、奴婢俑高19.5－24厘米。雷台墓的铜车马出行仪仗，由三十八匹铜马、一头铜牛、十四辆铜车（除一件牛车外，余为马车），十七件手持矛戟的武士俑和二十八件奴婢俑组成，这是迄今发现数量最多的东汉马车仪仗铜俑,气势宏大,铸造精湛,显示出汉代群体铜雕的杰出成就。

### 75. 鎏金错银铜尊
**东汉(公元 25 – 220 年)**

1969 年武威市雷台出土
甘肃省博物馆藏

　　口径 24 厘米。遍体鎏金,器盖和器内外皆饰精丽的错银神兽纹和云气纹,为东汉鎏金错银铜器的代表作品。

### 76. 釉陶碉楼院
**东汉(公元 25 – 220 年)**

1959 年武威市雷台出土
甘肃省博物馆藏

　　高 67.1 厘米。陶质施以绿釉,由可拆卸的 23 个部件组装而成。院中央矗立 5 层楼阁,每层都四面出檐,由下到上递层缩小。院四周围墙,正面大门为菱格形透窗,门檐上建两层门楼。坞壁四隅为两层角楼,拱卫中央阁楼,高下呼应,主次分明。门楼与角楼间有飞栈相连,形成一个严密的防卫体系。中央以及四个角楼之四壁均设透窗,以便对外瞭望观察,必要时可施发箭弩。这座楼院不仅是东汉后期豪强世家庄园壁坞的简要写照,也为研究我国古代建筑提供了珍贵的实物资料。

### 77. 人物图绢地刺绣
**西汉(公元前 206 – 公元 8 年)**

1959 年武威市磨嘴子出土
甘肃省博物馆藏

　　纵长 7.2 厘米。红色绢底用绛、浅绿、浅黄、黑色丝线平绣二人像,作对话状,两侧用黑色丝线各绣字两行,但因线脱落字迹已无从辨认。

### 78. 刺绣花边
**西汉(公元前 206 – 公元 8 年)**

1959 年武威市磨嘴子出土
甘肃省博物馆藏

　　长 70 厘米、宽 2.5 厘米。采用辫绣法施绣,三角形花边用橘红色丝线辫绣,再用青色丝线勾边。在橘红色辫绣地上再各绣一姿态各异、楚楚动人的水鸟。汉代以候鸟为构图题材的绣品称为"信期绣",寓意候鸟忠于时令之意。刺绣花边花纹精致,绣面密实,说明当时的刺绣工艺已达到很高的水平。

### 79. 织锦针黹盒
**西汉(公元前 206 – 公元 8 年)**

1959 年武威市磨嘴子出土
甘肃省博物馆藏

　　长 31 厘米、底高 16.9 厘米。针黹盒以苇作胎,外被绢、锦,织锦花纹富丽精细、结构复杂,锦上以黄、绿、蓝色丝线锁绣精美花纹,表明当时织造工艺水平的高度发达,是汉代丝织品中保存完好的珍品。针黹盒内装纺线锭、缠线板、线轴等,均是汉代珍贵的纺织工具,纺线锭上缠绕的丝线历经两千年仍具光泽。

### 80. 丝织锦袍
**十六国(公元 317 – 420 年)**

2002 年玉门市花海子出土
甘肃省文物考古研究所藏

　　长 149.2 厘米、宽 100 厘米。是丝织锦袍的上半部分残片。以绿色平纹绢为主体,镶拼白色平纹绢,并在白色绢上缀饰红色、棕色印花装饰带。款式为汉晋时期典型的深衣形制。

### 81. 刺绣残片
**十六国(公元 317 – 420 年)**

2002 年玉门市花海子出土
甘肃省文物考古研究所藏

　　长 69 厘米、宽 45.5 厘米。在红色绢地上,以黄、绿、蓝色丝线用辫绣法绣成变体花叶纹,残破的边缘绣凤鸟一只,色泽绚丽。是汉晋丝绸不可多得的佳品。

### 82. 刺绣残片
**十六国(公元 317 – 420 年)**

2002 年玉门市花海子出土
甘肃省文物考古研究所存

　　长 52.8 厘米、宽 47.7 厘米。在红色绢地上,以黄、绿、蓝色丝线用辫绣法绣成变体花叶纹,边缘用白色素绢围边。色泽绚丽。

### 83. 木尺
**西汉(公元前 206 – 公元 8 年)**

金塔县肩水金关出土
甘肃省文物考古研究所存

　　长 23.2 厘米、宽 1.6 厘米、厚 0.25 厘米。有黑墨线分为十等份刻度，为汉"十寸"，约相当于现代度量的七寸。

## 84. 西文铅饼
西汉（公元前206－公元8年）

灵台县康家沟出土
灵台县文化馆藏

直径5.5厘米。为窖藏出土，同批共出铅币274枚。正面沿边缘列一圈凸起的外国铭文，背面为涡形纹。据考证，这些铅币为安息晚期铭文钱币。

## 85. 漆栻盘
西汉（公元前206－公元8年）

1959年武威市磨嘴子出土
甘肃省博物馆藏

天盘直径6厘米、厚1厘米，地盘边长9厘米。木胎，髹深褐色漆。由圆形的天盘和方形的地盘组成，天盘、地盘中心以竹轴相连接，可以转动。天盘中心圆内镶嵌竹制北斗七星，内圈刻十二辰、大吉、神后、徵明、魁、从魁、传送、小吉、胜先、太一、天刚、太冲、功曹。大吉与功曹间有一"月"字。外圈刻二十八宿，东方七宿：角、亢、氐、房、心、尾、箕；北方七宿：斗、牛（牵牛）、女（须女）、虚、危、室（营室）、壁（东壁）；西方七宿：奎、娄、胃、昴、毕、觜、参；南方七宿：井（东井）、鬼（舆鬼）、柳、星（七星）、张、翼、轸。按逆时针方向排列，边缘有圆点刻度150个。地盘由内向外作三层排列，内层无字。中层为十天干和十二地支（缺地支中的戊、己），十二地支的"午子卯酉"四字分别间列其中。外圈刻二十八宿，每条边七宿，均按顺时针排列。地盘中心至四角有双线连接，内镶一大二小三颗竹珠。刻有代表周天度数的$365\frac{1}{4}$度的182个圆点。

栻盘是占卜日时历数的用具，是东汉盛行的天圆地方的浑天说的实物资料，为研究古代天文、历法和复原已经失传的天文仪器提供了珍贵的科学资料。

## 86. 医方简
西汉（公元前206－公元8年）

1972年武威市旱滩坡出土
甘肃省博物馆藏

简长23－23.4厘米、宽0.5－1厘米；牍长22.7－23.9厘米、宽1.5－3厘米。共92枚，其中简78枚，牍14枚，皆由松木削制。简文每简一行，牍则二至三行，也有多达六行者。从简牍上遗留的痕迹看，简册有三道编绳，先编而后书，78枚简为一卷册。牍有二道编绳，先书而后编，14枚牍为一卷册。医方简保存完整和比较完整的药方有30多个，所列药物近100味，并详细记载了病名、病状、药物、剂量、制药方法、服药时间、用药方式以及注意事项等，涉及临床医学、药物学、针灸等学科。

## 87.《仪礼》简
西汉（公元前206－公元8年）

1959年武威市磨嘴子出土
甘肃省博物馆藏

长51－56厘米、宽0.5－0.8厘米。木简分木质和竹质两种，共496枚，为甲、乙、丙三种版本共9篇。具体内容是：甲本为《仪礼》17篇中的7篇，并有经、记、传；乙本仅存"服传"一篇，并有经、记、传；丙本仅存"丧服"一篇，并有经、记。

简长相当汉制二尺四寸和二尺一寸，是古籍记载当时抄写儒家经典的标准简长度。正面打磨光滑。甲、乙本四道编绳，丙本五道编绳。每简正面书字一行，甲本每简容60字左右，乙本每简百余字，丙本为竹简，每简20至60余字不等。

这是目前所见《仪礼》的最古写本，在版本校勘上有很高的价值，且书写工整秀丽，是汉代墨写隶书的上品。

## 88. 丸墨
西汉（公元前206－公元8年）

1959年武威市磨嘴子出土
甘肃省博物馆藏

高4.5厘米。近圆柱体，顶部渐圆弧，底平，有磨用过的痕迹。墨色乌黑透亮。汉墨的基本原料一般采用松烟或桐油烟，墨性浓黑光洁。现存最古的块状合成墨为汉墨，但也极少发现。这块丸墨为墨的源流发展提供了珍贵的实物资料。

## 89."白马作"毛笔
西汉（公元前206－公元8年）

1959年武威市磨嘴子出土
甘肃省博物馆藏

长21.9厘米。笔杆竹质，中空，精细匀正。笔杆中下部阴刻篆体"白马作"三字，是制作工匠的名字。笔头外覆黄褐色软毛，笔芯及锋用紫黑色硬毛，刚柔相济，富有弹性，适于在简牍上书写。笔杆尖端削细，便于插入发簪。出土时在墓主人头部左侧，可印证汉代官员的"簪笔"习俗。长度约合汉尺一尺，与《论衡》所谓"一尺之笔"相合。"白马作"毛笔是目前发现最精良的毛笔，可视为汉代毛笔的代表作。

## 90. 肩水金关纸
**西汉（公元前206—公元8年）**

金塔县肩水金关出土
甘肃省博物馆藏

　　长21厘米。色泽为土黄色，由废旧麻料、线头制成。结构紧密，有韧性，表面粗糙，残存制造时未完全打碎的麻织物碎块和线头。肩水金关纸是中国现存早期古纸的标本，对研究中国造纸的起源和西汉造纸术的发展有重要价值。

## 91. 悬泉墨书纸
**西汉（公元前206—公元8年）**

敦煌市悬泉置出土
甘肃省文物考古研究所存

　　长14.5厘米、宽7.7厘米。上部残缺。白色，质地较厚，表面光滑，有韧性。正面书写7行31字。属于书信残片。悬泉置是汉代驿站，保存了大量诏书、公文、邮件。

## 92. 蟠螭纹三足石砚
**西汉（公元前206—公元8年）**

征集
甘肃省博物馆藏

　　通高12.5厘米、盖径13.4厘米、底径13厘米。砚分底和盖两部分，砚盖圆雕互相盘绕的双螭，双螭互咬对方的颈部，颈下透雕成孔。前右足斜立向外，左前足曲跪，中腰盘转，后二足匍匐。盖四周斜面阴刻二虎和斜平行线纹，曲凹处残留朱红色痕迹。盖内凿有放研石的凹窝，砚面平整，略高于边沿，砚底三足正面阳刻熊首。

## 93. 木独角兽
**西汉（公元前206—公元8年）**

1959年武威市磨嘴子出土
甘肃省博物馆藏

　　长59厘米、宽16厘米、高38.5厘米。又名獬豸，是一种独角的神兽，能抵御邪祟，将其置于墓葬门口，起到镇墓辟邪的作用。这只独角兽欲做前行冲刺的动作，身体造型厚实，头、角、颈、胸、腿高低起伏，错落有致，表现出雄强的力度，威猛的气势，是汉代木雕艺术的代表作。

## 94. 木牛车
**西汉（公元前206—公元8年）**

1959年武威市磨嘴子出土
甘肃省博物馆藏

　　长60厘米。由牛、车两件组成，牛通体呈黑色，尖直的长角斜上伸出，小耳两侧平展，四肢直立，尾下垂贴臀，眼睛、鼻子用十分醒目的白色线描摹。车为松木本色，木板作轱和轵，轵高耸，两轮巨大，车轮尚能转动，这种高轮车是西域乃至河西走廊特有的样式。

## 95. 木马
**西汉（公元前206—公元8年）**

1959年武威市磨嘴子出土
甘肃省博物馆藏

　　长59厘米、高60厘米。木马形体高大，张嘴嘶鸣，四足直立，作伫立状。通体涂黑色，以白色绘眼、唇、牙等部位。马鞍用白粉涂底，以黑、红、黄三色上彩。此马雕刻得惟妙惟肖，生动传神，具有鲜明的整体感和雄浑质朴的艺术风格。

## 96. 木六博俑
**西汉（公元前206—公元8年）**

1959年武威市磨嘴子出土
甘肃省博物馆藏

　　人高29厘米。博局呈长方形，前部高起为小方形的棋局；黑底上绘白色"规矩纹"图案，木俑为两男性老者跪坐博戏状，盘右一俑，右手放膝上，左手举于胸前；盘左一俑右臂向前下伸，握一筹。俑身敷白粉，其上墨绘五官、长袍、发髻。"六博"是战国到汉代非常盛行的一种娱乐活动。六博俑以简单明确的艺术造型，刻画了两个老者全神贯注博弈的场面。

## 97. "烹肉图"画砖
**魏晋（公元220—420年）**

嘉峪关市魏晋壁画1号墓出土
甘肃省博物馆藏

　　长35.5厘米、宽16.7厘米、厚5厘米。画面右侧为一头戴高角帽、身着右衽长袍、留八字胡须的男子，坐在一几案的旁边作切肉状，几案下盆内已经装满切好的肉，几案近旁也有一盆切好的肉，上面还有悬挂的四条类似香肠的肉类；左侧为一头戴高帽、身着右衽长袍、披发的男子，手执筷子，正在近旁的炉子之上烹调肉类。画面外围用红色勾边，人物的嘴唇和肉类均涂朱彩，生动再现了切肉、烤肉的烹调场面。

### 98．"贵妇宴享图"画砖
**魏晋**（公元220－420年）

嘉峪关市魏晋壁画4号墓出土
甘肃省博物馆藏

长35.5厘米、宽16.7厘米、厚5厘米。中央跪坐女主人，身旁跪坐侍女四人，三人持扇，一人持物，画面上方绘盘、尊、勺等宴居器具。画面外围用红色勾边，人物的嘴唇和衣裙均涂朱彩。构图严谨，造型生动。

### 99．"牛车出行图"画砖
**魏晋**（公元265－420年）

酒泉市果园乡7号墓出土
甘肃省文物考古研究所存

长34.5－35.5厘米、宽17厘米、厚4.5－5.3厘米。车之上一头戴平巾帻、身着红、黑双色边交领长袍者，与一旁站立的头梳高髻、身着交领长袍的女子话别。真切地记录了普通劳动者出行时的生活场景。

### 100．波斯银币
公元309－379年

征集
张掖市甘州区博物馆藏

直径2.6－2.9厘米、重3.5－4.1克。正面为卑鲁斯国王头像，面向右侧，双肩各有一飘带，头戴王冠，边缘饰联珠纹一圈。背面中间为拜火教祭坛，火焰上有星、月各一，祭坛两边相对站立两个祭司。边缘饰联珠纹一圈。钱币上有古波斯帕勒维文，但模糊不清。参照摩根的《东方古钱币手册》可知，完整的铭文为"主上，卑鲁斯，王"。是古丝绸之路贸易交流的见证。

### 101．佉卢文买卖奴隶木牍
**唐代**（公元618－907年）

新疆安迪尔古城采集
甘肃省博物馆藏

一长21.3厘米、宽3.7厘米；一长13.5厘米、宽3.5厘米。佉卢文为新疆丝绸之路南路的西域于阗、鄯善、楼兰诸国使用的一种古文字。在这枚木简上用佉卢文记载着一份法律判决书，上面判决了一些女奴归属州长们役使，并可抵押、出售和馈赠他人。

### 102．三彩胡人牵马俑
**唐代**（公元618－907年）

1965年秦安县叶家堡出土
甘肃省博物馆藏

俑高73厘米、宽26.2厘米、厚23厘米，马高75.9厘米、长83.5厘米、宽27厘米。胡人梳髡发，双目圆睁，八字胡，身着圆领大衣，腰间系带，下着紧身裤，足蹬靴。双臂前屈做牵马状，身体直立。骏马头左偏，体态健硕，四腿直立。俑与马通体施黄褐色釉。

### 103．三彩胡人牵驼俑
**唐代**（公元618－907年）

1965年秦安县叶家堡出土
甘肃省博物馆藏

俑高72.7厘米、宽25厘米、厚21厘米，马高90.5厘米、长92厘米、宽92厘米、厚27厘米。胡人梳双髻，身着翻领大衣，内着红色衣衫，腰间系带，下着紧身裤，足蹬靴。身体直立，双臂前屈做牵驼状。骆驼昂首向上，驼峰高耸，四腿直立。俑通体施绿釉，骆驼通体施红褐色釉。

### 104．陶印度人俑
**唐代**（公元618－907年）

山丹县征集
山丹县博物馆藏

高29.5厘米。高鼻深目，着长靴，为天竺（印度）人形象。北魏时，甘肃与天竺国的交往已日趋增多。

### 105．彩绘袒胸胡人俑
**唐开元十八年**（公元730年）

2001年庆城县穆泰墓出土
庆城县博物馆藏

高50厘米。双臂屈肘置于臀部。疏发歇顶，额头高凸，浓眉紧蹙，双目圆睁；宽鼻翼，深鼻孔，鼻尖上翘；络腮胡且上卷。身着窄袖长袍，腰束软带结于腹下。袒胸露乳，小腹隆起，胸、腹处墨描出疏毛。下着窄裤，足蹬毛皮长筒翘头靴，八字步立于长方形底板上。

## 106．彩绘黑人舞俑
唐开元十八年（公元730年）

2001年庆城县穆泰墓出土
庆城县博物馆藏

高53厘米。黑人俑头扎橘黄色巾帽，双臂曲肘高举，双手握拳。两眼圆睁，抿嘴上撅。身着团领窄袖短衫，下穿豹纹裤，腰束黑带，足蹬黑靴，分腿站立于长方形底板之上。

## 107．彩绘牵马俑
唐开元十八年（公元730年）

2001年庆城县穆泰墓出土
庆城县博物馆藏

高53厘米。头戴黑色尖帽，身着黄色团领右衽窄袖长袍，领、衣襟饰橘色团花宽边，腰束黑色革带，革带上缀黑色鞶囊，囊置于左侧腰下，足登黑色长靴。深目高鼻，齿白唇红，左臂贴身握拳，右臂前伸作牵马状。

## 108．菩萨像壁画
北凉（公元401－445年）

武威市天梯山石窟
甘肃省博物馆藏

高106.4厘米、宽60厘米。束带大圆髻，波浪卷发垂肩，高鼻深目。双耳戴宝珠耳饰，与宽大的白色项圈叠加在一起。上身袒露，下身着灰绿色紧身密褶长裙。左臂曲肘平举，右手下垂执净瓶。腰身向左扭动，身体呈S形。双臂戴镶宝石臂钏，双手腕戴手镯。披帛绕肩于身后飘飞。面部及上身用朱砂晕染，鼻梁、眼皮、额角凸起受光处晕染白粉，明显受到西域画风的影响。但描绘身体轮廓、衣褶的铁线描又有传统艺术的风骨，充分显示了北凉佛教的艺术特色。

## 109．供养人壁画
北凉（公元401－445年）

武威市天梯山石窟
甘肃省博物馆藏

高32厘米、宽24厘米。双手合十侧身向里作胡跪状，束带大圆髻、波浪卷发垂肩。面部白粉平涂。着袒右肩袈裟，赤足。菩萨两侧绘莲蕾四朵，左肩膀绘尖瓣莲蕾一只。头光浅红，袈裟灰绿，面部白色，色彩朴实厚重。采用在磨光草泥上用朱砂敷底，后用墨线勾勒的画法，人物形象、姿态都与印度及西域早期石窟中壁画人物一脉相承。

## 110．彩绘说法图壁画
北周（公元557－572年）

武威天梯山石窟
甘肃省博物馆藏

高92厘米、宽80厘米。菩萨头戴多瓣花冠，系白色巾带。脸型长圆，长眉细目。裸上身，颈戴项圈，斜披络披。神情沉静而优雅。天梯山北周时期的壁画存留很少，且都残损不清。此幅说法图中左侧胁侍菩萨，线条流畅，设色雅致，融合了中原和西域画风，是当时壁画中的精品佳作。

## 111．高善穆石造像塔
北凉承玄元年（公元428年）

酒泉市出土
甘肃省博物馆藏

高44.6厘米、底径15.2厘米。黑色玄武岩质，基座已失。基座之上为八面形的基柱，刻出供养菩萨八身，七身立式，一身端坐莲台，各像左侧上角刻八卦符号。基柱上部为圆柱行经柱，周刻隶书发愿文与经文36行，内容是《增一阿含经·结禁果》中的一段，纪年为承玄元年（公元428年）。经柱之上为瓶形覆钵，覆钵下部开八个圆拱龛，七个龛内刻禅定坐佛，一龛内雕交脚弥勒。塔顶七重相轮，顶端宝盖上阴刻北斗七星。此塔模仿印度覆钵塔，是在中国发现的最早实例。

## 112．石造像塔
北魏（公元386－532年）

庄浪县采集
庄浪县博物馆藏

高206厘米。原为楼阁式，现塔基、塔顶已失，存五级梯形塔身，依次重叠成塔。每块塔身均四面雕刻，内容为佛像、菩萨、弟子、力士、飞天、供养人及佛传故事。人物形象清瘦，刀法圆润，为北魏孝文帝改革后的作品，是北魏时期佛教造像塔的代表作。

## 113．王令猥石造像碑
北周建德二年（公元573年）

秦安县任吴乡征集
甘肃省博物馆藏

高121厘米、宽45厘米、厚12厘米。碑首为四龙蟠交式，阳阴两面各开一龛，内雕坐佛。碑阳中部开一帐形龛，内雕一佛二菩萨。下部开四个小方龛，分别雕刻两个狮子和两个御狮奴。下部为造像题记。碑阴上部开一龛，内雕一佛二菩萨，下为供养人，碑右侧树形龛内雕交脚弥勒一尊，右侧为说法图。此碑风格上承北魏晚期秀骨清相、下启隋唐丰满圆润的风格，为北周纪年造像碑中的佳作。

## 114．李阿昌彩绘造像碑
### 隋开皇元年（公元581年）

泾川县水泉寺
甘肃省博物馆藏

　　高146.5厘米、厚16厘米、宽50厘米。碑为圆首，正面分四层开龛。由上而下，第一层开一屋形龛，正中释迦多宝并座说法图，两侧各开一拱形小龛，内雕一佛二弟子。屋形龛上浮雕三尊佛头。第二层正中开拱形龛，内刻一佛二菩萨。两侧小龛内各刻一菩萨、一菩提树，树上部各刻四身供养人。第三层正中圆形龛内刻一佛二菩萨。佛结跏趺座。两侧小龛内又开刻一禅定佛及二菩萨，小龛之上各刻供养人三身。第四层为维摩诘与文殊辩法图。文殊头罩华盖，左右立弟子四人；维摩诘居于华屋之下，四周众人簇拥，作辩论状。维摩诘之左又刻一菩萨。文殊之右又开一小龛，内刻飞天一身。其中一供养人作跪状，双手上举，头顶托盘。碑阴上部开一庑形龛，内刻一菩萨二弟子。龛的下部及左右两侧均刻有题记。造像碑施有红、蓝各色彩绘。

## 115．彩绘一佛二菩萨像
### 唐代（公元618－907年）

武威市天梯山石窟
甘肃省博物馆藏

　　佛通高105厘米、菩萨通高160厘米。佛像作结跏趺坐式，左手扶膝，右手施禅定印。头顶作薄肉髻，面相丰满，广额方颐，长眉细目，双目下垂，作沉思状。身着敞肩大衣，衣纹为梯形折出，线条流畅。为别具一格的晚唐彩塑佛像作品。

## 116．石雕观音立像
### 隋代（公元581－618年）

秦安县出土
甘肃省博物馆藏

　　高132厘米。菩萨斜披络掖，头戴化佛冠，宝缯从头两侧下垂至肩，袒上身，佩戴项圈、手镯、臂钏。璎珞从肩垂交于胸及膝部。右手曲肘上举，左手持瓶下垂，下身着裙，赤足，两侧垂长带。整个造像雕刻细腻，神情自若，是隋代石雕中的杰作。

## 117．铜鎏金十一面观音像
### 唐代（公元618－907年）

天水市出土
甘肃省博物馆藏

　　高84.5厘米。菩萨赤足立于钵形圆台之上，钵底与三重莲花形台座相连，头戴花冠，面容沉静，双目微垂，束发披于两肩，正面头顶有化佛，另十面绕冠均匀排列。六臂中的正面两臂置胸前合掌作宝瓶印，侧身两臂自然下垂，另外两臂上举展掌。胸前佩挂璎珞，袒露右肩，披帛自肩及臂自然飘垂，下着长裙。整体造型庄重丰满、富贵典雅，具有藏传佛教早期的风格。

## 118．鎏金华盖铜佛像
### 后秦（公元384－416年）

泾川县玉都出土
泾川县博物馆藏

　　通高19厘米。佛像结跏趺坐于狮子座上，双手作禅定印，上有华盖。历来出土的铜佛像鲜见华盖等附件完整无缺的，泾川铜佛像就是屈指可数的附件齐全的早期铜佛造像之一。

## 119．浮雕舍利石棺
### 五代（公元907－960年）

灵台县出土
灵台县博物馆藏

　　长47.8厘米、高28.2厘米、宽21.3厘米。石棺用质地细密的灰白砂岩制成，敷以红、绿、蓝、白、金等色，棺身两侧浮雕佛传故事。右侧为涅变，左侧为迎佛图。前后两端各有线刻双扇门，两旁各有一天王守护，表现涅槃场景，天人哀绝，竟从天上坠落，构思独特新颖，不同凡响。

## 120．泾川大云寺五重舍利宝函
### 唐延载元年（公元649）

1964年泾川县大云寺出土
甘肃省博物馆藏

　　玻璃舍利瓶高2.6厘米；全棺高6厘米、长7.5厘米、宽5.4厘米；银椁高9.3厘米、长8.4厘米、宽8.4厘米；鎏金铜匣高13.2厘米、长12.3厘米、宽12.3厘米；石函高42.5厘米、长50.5厘米、宽49.5厘米。由内及外，玻璃舍利瓶、金棺、银椁、鎏金铜匣、石函层层套置。

玻璃舍利瓶小口，半高颈，鼓腹，圜底，内存舍利子14粒。

金棺棺前两侧及盖上各镶嵌一珍珠，并饰金片、莲瓣，在其四周又饰以金片组成的莲蒂、叶，再点缀白石英或绿松石。金碧辉煌，光彩夺目。

银椁上圆下方，前高后窄，座呈长梯形，四角雕镶栏杆，盖作覆瓦式，椁两侧前后各镶一圆环。身盖满饰对称的忍冬缠枝花纹。

鎏金铜匣盖正中镶银质莲花及桃形珍珠，匣身及盖饰对称的忍冬花，背面有银质合页连接。正面有长形银扣及二鼻扣，锁为鎏金铜锁，附铜钥可开启。

石函由灰色大理石制成，方形覆斗顶。盖上有阳文篆书"大周泾川大云寺舍利之函总一十四粒"16字。四周刻缠枝蕃莲纹。函身四周及口沿边刻施主姓名及铭文。

## 121．彩绘木塔
### 五代（公元907－960年）

安西县榆林窟
甘肃省博物馆藏

高68厘米、塔径34厘米。塔成八角形，攒尖顶，塔顶及塔身每面彩绘菩萨三身，每个转角梁上插一木牌，上有彩绘菩萨一身，菩萨均结跏趺坐，各持摩尼珠、法螺、金刚杵、斧、剑等法器。据记载，出土时塔内有银塔一座，上刻"于阗国大师从德"字样，惜银塔已不知下落。此塔可能是于阗国给沙洲曹氏政权的奉品，对研究西域与沙洲地区的交往是重要资料。

## 122．《报父母恩重经变》绢画
### 北宋淳化二年（公元991年）

杨纪良捐赠
甘肃省博物馆藏

画面长182厘米、宽127厘米。绢地，敷彩，绘佛、菩萨和僧俗人众等110多人。中心部分为说法图，说法图中间之下书经变文和发愿文，两侧绘赴会圣众。经变文是节录《佛说报父母恩重经》部分文句而成。另外说法图两侧绘经变故事画，左侧自上而下，右侧自下而上，以连环画的形式展开，共15幅。每幅画各自独立并书榜题。人物形象生动自然，是国内现存的幅面较大且有纪年的一帧绢本佛画。

## 123．《道行品法句经》
### 东晋升平十二年（公元386年）

征集
甘肃省博物馆藏

纵长24.3厘米、横长135.5厘米。用楷书抄录《道行品》及《泥洹品》两品经文。前有剪裁痕，仅存后半，白麻纸泛黄，存经文65行，行16字至30字不等。

书《道行品法句经》第三十八，《泥洹品法句经》第三十九，末有题纪二则："升平十二年（公元368年）沙弥净明"；"咸安三年（公元373年）十月二十日沙弥净明诵习法句起"。

记录了沙弥净明于升平十二年和咸安三年的两次诵经记录，是目前所知现存敦煌文献中最早的写经，书体显示了"简书"向"经书"过渡时期的字体特色，展现了"经书体"楷法初期的特有风姿。

## 124．《大般涅槃经迦叶菩萨品之二》
### 唐代（公元608－907年）

苏成章捐赠
甘肃省博物馆藏

经文首尾完整，有木轴、细帘纹黄麻纸，加蜡研光。用24张纸写成，每张28行，每行17字，共662行，一万余字。首题："大般涅槃迦叶菩萨品之二"，尾题："大般涅槃经卅二"。墨书楷体，端正严谨。卷首下方有"民国三十二年于右任敬观"字样。

## 125．胡腾舞俑
### 唐代（公元618－907年）

山丹县博物馆征集
山丹艾黎捐赠文物陈列馆藏

总高13.5厘米、人高10.5厘米。铜质，由俑、座两部分组成，可拆卸。为一胡人形象，深目高鼻，背负酒葫芦，左足立于莲台之上，右足向前屈伸，双臂扬起，旋转舞蹈，裙裾飘扬。胡腾舞为唐代舞蹈，由西域石国（塔什干）男子表演。胡腾舞由西域传至凉州，再传至中原。曾在唐代风靡一时，当时大量的文学术作品对此都有精彩的描绘。

## 126．彩绘吹排箫、弹琵琶、吹笛、击鼓俑
### 唐代（公元618－907年）

天水市出土
天水市博物馆藏

长35厘米、宽19厘米。4个俑均骑在马上，

两女俑梳高髻，分别弹琵琶、吹排箫；两男俑头戴幞头，分别作击鼓、吹横笛状。隋唐时期，大量引进西域的乐曲、乐器、乐舞。琵琶、排箫等西域乐器，与横笛等中国传统乐器相结合统一演奏，是内地音乐与西域胡乐相融合的产物。

## 127．石刻彩绘吹排箫、吹笛、执琵琶、吹笙、吹贝蠡俑
**隋唐（公元581－907年）**

1982年天水市秦城区出土
天水市博物馆藏

　　高32－33厘米。五俑均跪坐于石座上。深目浓眉，高鼻鼓腮。头戴平顶交面幞巾，二角系前额，二角系脑后。身着圆领紧袖、紧身左衽长袍，腰束革带。身施红彩。分别执琵琶、吹笙、吹横笛、吹贝蠡俑、吹排箫。五俑出于石棺床墓葬，属于信奉拜火教的粟特商人之墓。

## 128．联珠纹扁壶
**隋代（公元581－618年）**

征集
甘肃省博物馆藏

　　高21厘米、宽18.6厘米、厚9.5厘米。陶质，突唇、短颈、扁卵形腹、高圈足，双肩上各有一环形筒状鋬。腹部主体花纹为莲花，边缘用联珠纹分界。陶质的扁壶始见于北周和北齐，隋唐时期较多。用棕榈叶花和联珠纹作装饰图案，常出现在波斯地毯和一些古典的铸造物、浮雕、壁画和花瓶画上，在公元5世纪时由中亚、西亚传入中国，并发生了变化，即把棕榈叶花改为莲花，体现了文化的融合。

## 129．鎏金盏托
**唐代（公元618－907年）**

1974年肃南裕固族自治县西水乡出土
肃南县博物馆藏

　　直径25.5厘米、深4.5厘米。托圆形，折沿宽边，中心置一圆形托底，内凹外高，盘一边铆固一桃形叶片，托柄已断失。

## 130．嵌松石金壶
**唐代（公元618－907年）**

1974年肃南裕固族自治县西水乡出土
肃南县博物馆藏

　　壶通高17.5厘米、口径6.5厘米、底径6.5厘米、重500克。壶的圆形盖中央焊一莲花纹杯形钮。钮上镶一棵圆形绿松石。壶肩部有凸弦纹一周，腹部有环形把，把上加菱花形指垫。该壶与俄罗斯叶尼塞河上游科比内缠枝纹金带把杯、内蒙古敖汉旗李家营子素面罐形银带把杯工艺相似，时代约为公元7世纪末至8世纪初，具有明显的粟特金银器风格。

## 131．折叠高足鎏金银盘
**唐代（公元618－907年）**

1974年肃南裕固族自治县西水乡出土
肃南县博物馆藏

　　高19.5厘米、直径25.5厘米。铜质鎏金，盘口及内外沿成菱花形，宽边浅凹盘。盘底焊接三高足，足分两截，中间为子母口套合，用销钉穿联，可向内折叠。造型设计巧妙，有明显的粟特风格。

## 132．三彩凤首壶
**唐代（公元618－907年）**

甘谷县出土
天水市博物馆藏

　　高31厘米。凤首壶造型受波斯萨珊王朝金银器形影响，而三彩釉工艺和凤鸟形象则是唐文化的表现，是融合东西方风格为一体的别致器物。

## 133．海兽葡萄纹镜
**唐代（公元618－907年）**

征集
甘肃省博物馆藏

　　直径20.6厘米。在南北朝时期，葡萄海兽图案纹样由西亚印度经中亚传入我国，到唐代，葡萄纹和海兽纹成为铜镜上流行的纹样。

## 134．东罗马鎏金银盘
**唐代（公元618－907年）**

1988年靖远县北滩乡出土
甘肃省博物馆藏

　　直径31厘米。靖远为丝绸之路上的黄河古渡口，联系河东与河西地区。古靖远中外商客行旅往来络绎不绝。靖远出土的银盘系东罗马早期遗物，应是西来商客、使者过黄河古渡时遗存之物。银盘卷唇，圈足，表面鎏金现已脱落大部分。盘外圈满饰浮雕花纹，花纹间栖有小鸟。中圈外沿饰联珠纹，中列一圈为古罗马十二神头像，每个头像左侧均有一动物。银盘

的主题花纹是盘中的内圈高浮雕的钟倚雄师和手执权杖的男神。在圈足内底部有点状铭刻一行。这件文物反映了丝绸之路上东西方经济和文化交流的频繁。

## 135. 鸟纹鎏金铜梳
唐代（公元618－907年）

征集
甘肃省博物馆藏

纵长10.7厘米、横长12.8厘米。为一薄片，一头半圆，模压花鸟纹，另一头方齐，剪成细条状，正面有鎏金痕迹。

## 136. 狩猎纹鎏金铜杏叶
唐代（公元618－907年）

征集
甘肃省博物馆藏

长7.6厘米。树叶形叶片，叶柄为一小圆环，通体鎏金。铜叶边缘用葡萄叶形式组成边框，中间饰两组狩猎图案，一人骑马张弓射雁，下方一鹿在驰奔，另一组图案，一人骑马持矛，刺向一跃起的猛狮。整个图案用浮雕的形式铸刻，造型生动、动感极强。狩猎是唐代统治阶级喜爱的活动之一，纹样明显受到西亚的影响。此物为马身上的挂饰。

## 137. 红地中窠小花对鸟锦
唐代（公元618－907年）

征集
甘肃省博物馆藏

全长80厘米、宽70厘米。以一队椒形的小花组成团窠环，环中为一对站立于棕榈座上的对鸟，鸟身以方格纹装饰，鸟尾华丽上翘，与大量同一时期立鸟纹不同的是，此鸟不带任何联珠纹的装饰，没有戴胜，也没有含绶，鸟头长有双角，造型十分罕见。

## 138. 黄地宝相花纹锦
唐代（公元618－907年）

征集
甘肃省博物馆藏

纵长48.5厘米、横长30厘米。以青绿色调为主，黄色作地，浅黄色勾边，棕红、蓝、绿色显花。纹样造型以团窠宝花为主题纹样，以十样花作宾花。主花以六个花瓣为中心，周围为棕红色勾边的联珠圈，外层为六出侧式小宝花，团窠环由侧式花卉组成。其图案为唐代最典型的宝花图案，布局均匀、端正，中原风格极其明显，为唐代中晚期的作品。

## 139. 红色独窠蝶绕宝花纹绫
唐代（公元618－907年）

征集
甘肃省博物馆藏

图案为独窠的宝花纹样，以十样花作宾花。中心是莲花纹，外圈是一圈联珠纹，其绕一周八个蕾式莲花纹。外面再绕一周八朵花，其间穿插蝴蝶。整体构图是唐代典型的团窠宝花。织造技术颇有难度，为唐代中晚期的佳品。

## 140. 錾花牡丹纹金碗
西夏（公元1032－1227年）

征集
武威市博物馆藏

口径9.7厘米、高3.6厘米、底径5.4厘米。金制铸造锤鍱而成，直口，口沿外錾刻一周缠枝花卉，上下各有两圈细弦纹。内底以一圈弦纹分内外两组文饰。外圈缠枝海棠，中间为缠枝花卉，以牡丹为中心，缠绕莲花、莲蓬、海棠及花叶。

## 141. 西夏文活字版印本《大方广佛华严经》
西夏（公元1032－1227年）

征集
甘肃省博物馆藏

长744.6厘米、宽12.2厘米、高31.7厘米。经折装，黄麻纸，活字版，上下双栏，栏高24.4厘米，存64面，面6行，行16字。部分西夏文旁边有汉文指书对译，首题大方广佛华严经典普贤行愿品序。

## 142. 西夏金字《金光明经》
西夏（公元1032－1227年）

捐赠
定西市安定区博物馆藏

纵长31厘米、横长11.5厘米。用泥金抄写于紫青纸上，现存8页，内容为卷第十五《贤首品第十二之二》中的部分偈语。该写经保存完好，色泽如新，书法精美。迄今存世的西夏文金书佛经只有几件，因此，这件金书西夏文佛经是中国古代佛经中的珍品。

### 143. "五侍男"木板画
西夏天庆七年（公元 1196 年）

1977 年武威市西郊林场 2 号墓出土
武威市博物馆藏

　　长 21.5 厘米、宽 12 厘米。五侍男身着圆领窄袖长袍，腰扎束带，脚踏乌靴。头均偏向左侧，额发中分，两边侧发挽髻，余发披垂脑后。衣服色彩自左及右依次为灰色、黄褐色、赭色、青色及蓝色，分别佩宝剑、挎包袱、执托盘、捧唾盂、披长巾。是研究西夏发式、服饰生活用具的重要资料。

### 144. "五侍女"木板画
西夏天庆七年（公元 1196 年）

1977 年武威市西郊林场 2 号墓出土
武威市博物馆藏

　　纵长 28 厘米、横长 10.5 厘米。五侍女着交领长袍，腰束带，腰下侧开叉，自左及右第一、第三和第五位侍女着红色长袍，间隔两侍女分别穿蓝色和浅赭色长袍。头均偏向右侧，左一矮个子侍女散发披肩，其余四侍女头顶束高发髻，余发披于脑后。自左及右分别捧盒、托盘（盘中放置一壶）、执拂尘、挎包袱、披长巾。是研究西夏发式、服饰生活用具的重要资料。

### 145. 妆金奔鹿纹锦
元代（公元 1271－1368 年）

1973 年漳县徐家坪汪氏家族墓出土
甘肃省博物馆藏

　　长 12.6 厘米、宽 11.8 厘米。为织物残片。在平纹或斜纹地上以通经断纬的方式织入片金，图案为奔鹿，布局采用散搭形式，两两相错排列。元代多次从中亚地区将穆斯林织工迁徙到中国内地和元大都，使得蒙元时期北方织物呈现鲜明的异域风格，尤其是崇尚用金，以"纳石失"妆金、妆银和妆花锦别具一格，代表了元代丝织的高超工艺水平。

### 146. 妆彩吉羊团花缎
元代（公元 1271－1368 年）

1973 年漳县徐家坪汪氏家族墓出土
甘肃省博物馆藏

　　长 11.3 厘米、宽 7.8 厘米。为织物残片。采用在基础组织上以通经断纬的方式织入装饰性彩线的妆花技术。图案为吉羊团花，布局采用散搭形式，两两相错排列，从而丰富织物的装饰效果。

### 147. 织金锦风帽
元代（公元 1271－1368 年）

1973 年漳县徐家坪汪氏家族墓出土
甘肃省博物馆藏

　　长 26 厘米、宽 30 厘米。表层为色彩艳丽的菱格宝相花纹织金锦，衬里为褐色的麻布。一面开襟上缀盘扣九个，另一面有四根带子。为故故冠的一部分。带盘扣的一面为故故冠的背面，另一面缝缀白色珍珠，是故故冠正面。中间敞开的部分露出脸，两旁则是帔幅。竖缀在里面的两条带子是两根系带，起绑缚帽子的作用。故故冠，又名罟罟、固姑等，是蒙古族妇女特有的一种帽子。

### 148. 八思巴文银字符牌
元代（公元 1271－1368 年）

征集
甘肃省博物馆藏

　　直径 11.7 厘米，重 249 克。铁质，文字为银质镶嵌，虎头镀金银。圆牌上有趺座和用于系绳佩带的活环。圆牌两面镶嵌凸起的元代官方文字八思巴文正体字 5 行，一正一背，正面从左至右读，意为："长生天气力里，皇帝圣旨，不从者治罪"。据《元史·兵志》记载，此符牌应为元代王公因军情急务遣使所用的信物。这种符牌可以通行于中国及蒙古四大汗国，具有国际通行证的作用，现存世极少。

### 149. 玻璃莲花托盏
元代（公元 1271－1368 年）

1975 年漳县徐家坪汪氏家族墓出土
甘肃省博物馆藏

　　盏口径 8.9 厘米、底径 3.4 厘米、高 4.9 厘米，盏托口径 15.2 厘米、高 1.2 厘米。玻璃托盏为普蓝色玻璃制成，半透明，胎内含气泡。盏为七瓣莲花形，饼形足；托为平口，边沿呈八瓣莲花形，平底，腹壁直撇呈正八角形。造型优美，色彩艳丽，工艺精湛，是迄今出土最完整的一套古代玻璃盏。

### 150. 荷塘鹭鸶纹青玉钮、海冬青攫天鹅纹白玉钮
元代（公元 1271－1368 年）

1970 年张掖市大佛寺金塔殿出土
张掖市甘州区博物馆藏

　　高 3.8－4.5 厘米。外形方圆、平底，大小基本相同。组身雕刻题材以珍禽异兽、祥瑞植物为形，用写实的手法，通过刻画鹭鸶在荷塘中嬉

戏、撒欢以及天鹅振翅曲项、潜入枝叶间隐藏、躲避海冬青的追逐的自然情景，寓意"荣禄登堂、富贵吉祥"的美好意愿。此组器物可能为贵族冠帽的帽顶。

## 151. 铜牦牛
元代（公元 1271 – 1368 年）

天祝县出土
天祝县博物馆藏

通长118厘米，重75公斤。位于河西走廊东端的天祝县是丝绸之路必经之地，也是密教寺院较多的地方。天祝出土的铜牦牛上承西夏皇陵出土的铜牛的造型，雕塑手法更加简洁洗练，生动地刻画了被称作"高原之舟"的牦牛形象。

## 152. 耀州窑青釉卧狮盏
宋代（公元 960 – 1279 年）

天水市出土
甘肃省博物馆藏

高9.2厘米、口径10.4厘米。通体施绿釉。盏为花瓣口，盏身及内壁饰凹凸有致的瓦棱纹。盏内底饰折枝牡丹纹。卧狮背托杯盏，体态肥硕，憨态可掬。狮腹下为一长方形底板。整体造型别致，釉色纯净柔和，堪称耀州窑的精品之作。

## 153. 耀州窑五足炉
北宋（公元 960 – 1127 年）

杨安捐赠
甘肃省博物馆藏

高7.6厘米、内口径6.5厘米、外口径14.1厘米。直口，深腹，宽圆口沿，深腹，下饰五个象首象鼻形蹄足。炉外施青釉，炉口沿刻一周牡丹花。胎质细密，釉色纯净，为宋代香炉的典型造型，也是耀州窑瓷器的佳品。

## 154. 官窑粉青瓜棱瓶
南宋（公元 1127 – 1279 年）

1973年漳县徐家坪汪氏家族墓出土
漳县博物馆藏

高15.7厘米、腹径10厘米。南宋官窑是金人占领北宋后，在浙江杭州建立的官窑。此瓶胎色紫灰，满布粉青釉，器身棱角因釉薄而显露胎骨，釉面有稀疏的冰裂纹，底有支烧痕点，是南宋官窑的早期产品。瓶底造型少见，所以尤为珍贵。

## 155. 磁州窑虎纹瓷枕
北宋明道元年（公元 1032 年）

征集
甘肃省博物馆藏

瓷枕大多为生活用具，创于隋，宋、元特别盛行。磁州窑"张家造"的白地黑花枕较多，但带年款的稀少。此枕枕面上方题写"明道元年巧月造，青山道人醉笔於沙阳"十六字，是"张家造"瓷枕中带纪年款最早的一件。

## 156. 草书西夏字莲纹瓷罐
西夏（公元 1032 – 1226 年）

征集
武威市博物馆藏

高46.5厘米、口径22厘米。直口，鼓腹，圈足。施白釉，褐彩，下腹部露胎。肩部绘卷草纹，腹部绘缠枝牡丹纹，在下腹部露胎出墨书西夏文草书，译为"芦五"，可能是物主的姓名。

## 157. 黑釉剔花大缸
西夏（公元 1032 – 1226 年）

2001年肃南县沙河镇出土
肃南县博物馆藏

高75厘米、口径57厘米、底径27厘米。大口微敛，圆唇，弧腹下收，平底，近底处有一小孔。通体施黑釉，腹部剔刻大叶海棠花。此器器型硕大，保存完整，为已知西夏瓷器之最。

## 158. 景德镇釉里红高足杯
元代（公元 1271 – 1368 年）

1973年漳县徐家坪汪氏家族墓出土
甘肃省博物馆藏

高8.7厘米、口径8.9厘米、足径3.6厘米。侈口，深腹，高圈足，上细下阔。杯外壁涂抹铜红料，外罩透明青白釉，在高温还原环境中烧成鲜红色。是元代釉里红的精品。

## 159. 青花鸾凤纹匜

元代（公元1271－1368年）

1987年临洮县衙下乡寺洼村出土
临洮县博物馆藏

高4.1厘米、口径13.2厘米、底径8.4厘米。敞口，浅腹，口部延伸出一槽形长方流，流下装饰一卷云状系，口沿及底足无釉，呈火石红色。内底绘青花双凤，内壁绘一周缠枝菊花，外腹绘仰覆莲瓣纹。线条优美，釉面润白，青花色泽纯正蓝翠，是元代青花瓷中的艺术珍品。

## 160. 青花花卉纹玉壶春瓶

元代（公元1271－1368年）

1987年临洮县衙下乡寺洼村出土
临洮县博物馆藏

通体高29厘米、口径7.7厘米、底径9.3厘米。通体饰青花彩绘，分四格区，绘有草萝纹、蕉叶纹、莲瓣纹、莲花、鸳鸯、鸳鸯图、宝相花等。此瓶青花色泽浓艳，上有少量黑斑，为进口钴料烧成。虽通体绘彩，但布局严谨，主次分明，统一和谐，明净素雅。青花瓷最早出现在唐代，经过宋代，至元代发展到成熟阶段，一时成为中国瓷器工艺的主流。此瓶是元代青花中不可多得的精品，也是中西文化交流的产物。

## 161. 鸳鸯纹青花碗

元代（公元1271－1368年）

征集
武威市博物馆藏

高7.7厘米、口径16.3厘米、底径6.3厘米。碗内口沿处饰两圈弦纹，中间夹卷草纹。碗底部一圈弦纹内绘一对鸳鸯在荷花中戏水徜徉。

## 162. 青花高足杯

元代（公元1271－1368年）

武威市出土
武威市博物馆藏

高8.9厘米、口径7厘米、底径4厘米。圈足露胎处呈土黄色，见砂粒。杯内口沿处饰两圈弦纹，中间夹卷草纹。杯底部一圈弦纹，内绘人物故事昭君出塞图。器外壁饰三朵缠枝花卉，辅以细弦纹，焦叶纹等。白胎、白釉，白釉色泛灰，青花蓝中闪灰，色泽浓淡不一，钴料浓处呈黑蓝色，为进口钴料烧造而成。器形规整，造型优美。

# 后 记

在甘肃省委、省政府以及文化厅、文物局的高度重视和大力支持下，甘肃省博物馆新馆基本陈列（"甘肃古生物化石"、"甘肃彩陶"、"甘肃丝绸之路文明"）设计布展工程于2003年启动，经过三年多精心筹备，于2006年12月26日新展览大楼落成之时面向社会正式开放。2007年5月18日荣获第七届（2005～2006年度）全国博物馆十大陈列展览精品奖，实现了我们多年的夙愿。三年多来，基本陈列筹备组的全体同志倾注了全部心血，克服了众多困难，付出了艰辛劳动。初世宾、郎树德先生作为学术顾问，为此做了大量工作；邱占祥、张忠培、严文明、孟宪民、周士琦、赵春贵、王有庆、徐祖蕃、陆建松、尹建民、李建军、陈同乐先生等先后亲临现场精心指导；郑炳林、田澍、杨富学、张先堂、季成家先生等给予热情帮助；甘肃省博物馆老专家及全体同仁在各个方面大力支持，使筹备工作得以顺利进行。可以说，基本陈列的成功，是集体智慧的结晶，是团结奋斗的结果。

甘肃省博物馆基本陈列荟萃全省历年多项重大考古发现的珍贵文物和有关收藏单位的重要藏品，实际上是全省文物精品的一次集中展示。为使热心的读者与观众共享基本陈列的研究成果，陈列筹备组在全力以赴做好陈列展示工作的同时，着手编撰了《甘肃省博物馆基本陈列丛书》。《丛书》撷取基本陈列展品精华，将其中极具代表性和独具特色的文物珍品汇编成册，公诸于世，力图通过文物这一不可再生的信息载体，从一个侧面去解读甘肃辉煌的远古文明和厚重的历史文化，为弘扬中华传统文化贡献绵薄力量。

《甘肃省博物馆基本陈列丛书》的出版，得到有关领导、有关专家、有关文博单位和科学出版社的大力支持。甘肃省人民政府省长徐守盛十分关心博物馆事业的繁荣与发展，多次莅临我馆视察指导，并亲自为《丛书》作序，给予我们极大鼓舞。借此机会，谨对所有关心、支持甘肃省博物馆基本陈列，关心、支持《丛书》出版的领导、专家和朋友表示衷心感谢！

由于条件与水平有限，难免有不妥之处，欢迎读者不吝指正。

韩博文

2008年2月18日